ITINÉRAIRE

DE

PARIS A JÉRUSALEM

ET DE

JÉRUSALEM A PARIS.

Nº 294524

ITINÉRAIRE

DE

PARIS A JÉRUSALEM

ET DE

JÉRUSALEM A PARIS,

EN ALLANT PAR LA GRÈCE, ET REVENANT PAR
L'ÉGYPTE, LA BARBARIE ET L'ESPAGNE;

Par F. A. DE CHATEAUBRIAND.

TOME TROISIÈME.

PARIS,
LE NORMANT, IMPRIMEUR-LIBRAIRE.
1811.

ITINÉRAIRE

DE PARIS A JÉRUSALEM

ET

DE JÉRUSALEM A PARIS,

EN ALLANT PAR LA GRÈCE, ET REVENANT PAR
L'ÉGYPTE, LA BARBARIE ET L'ESPAGNE.

CINQUIÈME PARTIE.

SUITE DU VOYAGE DE JÉRUSALEM.

Le 10 de grand matin je sortis de Jérusalem par la porte d'Ephraïm, toujours accompagné du fidèle Ali, dans le dessein d'examiner les champs de bataille immortalisés par le Tasse.

Arrivé au nord de la ville, entre la grotte de Jérémie et les Sépulcres des Rois, j'ouvris *la Jérusalem délivrée*, et je fus sur-le-champ frappé de la vérité de l'exposition du Tasse :

Gerusalem sovra due colli è posta, etc.

Je me servirai d'une traduction qui dispense de l'original :

« Solime est assise sur deux collines oppo-
» sées et de hauteur inégale ; un vallon les
» sépare et partage la ville : elle a de trois
» côtés un accès difficile. Le quatrième s'élève
» d'une manière douce et presque insensible ;
» c'est le côté du nord : des fossés profonds
» et de hautes murailles l'environnent et la
» défendent.

» Au-dedans sont des citernes, et des
» sources d'eau vive : les dehors n'offrent
» qu'une terre aride et nue : aucune fon-
» taine, aucun ruisseau ne l'arrosent : ja-
» mais on n'y vit éclore des fleurs ; jamais
» arbre, de son superbe ombrage, n'y forma
» un asile contre les rayons du soleil. Seule-
» ment, à plus de six milles de distance,
» s'élève un bois dont l'ombre funeste répand
» l'horreur et la tristesse.

» Du côté que le soleil éclaire de ses pre-
» miers rayons, le Jourdain roule ses ondes
» illustres et fortunées. A l'occident, la mer
» Méditerranée mugit sur le sable qui l'ar-
» rête et la captive. Au nord est Béthel qui
» éleva des autels au veau d'or, et l'infidèle
» Samarie. Bethléem, le berceau d'un Dieu,
» est du côté qu'attristent les pluies et les
» orages. »

Rien de plus net, de plus clair, de plus précis, que cette description; elle eût été faite sur les lieux qu'elle ne seroit pas plus exacte. La forêt, placée à six milles du camp, du côté de l'Arabie, n'est point une invention du poëte : Guillaume de Tyr parle du bois où le Tasse fait naître tant de merveilles. Godefroy y trouva des poutres et des solives, pour la construction de ses machines de guerre. On verra combien le Tasse avoit étudié les originaux, quand je traduirai les historiens des Croisades.

E'l capitano
Poi ch'intorno ha mirato, a i suoi discende.

« Cependant Godefroy, après avoir tout

» reconnu, tout examiné, va rejoindre les
» siens : il sait qu'en vain il attaqueroit So-
» lime par les côtés escarpés et d'un difficile
» abord. Il fait dresser les tentes vis-à-vis
» la porte septentrionale et dans la plaine
» qu'elle regarde : de là il les prolonge jus-
» qu'au-dessous de la tour angulaire.

» Dans cet espace, il renferme presque le
» tiers de la ville. Jamais il n'auroit pu en
» embrasser toute l'enceinte : mais il ferme
» tout accès aux secours et fait occuper tous
» les passages. »

On est absolument sur les lieux. Le camp s'étend depuis la porte de Damas, jusqu'à la tour angulaire, à la naissance du torrent de Cédron et de la vallée de Josaphat. Le terrain entre la ville et le camp, est tel que le Tasse l'a représenté, assez uni et propre à devenir un champ de bataille aux pieds des murs de Solime. Aladin est assis avec Herminie sur une tour bâtie entre deux portes, d'où ils découvrent les combats de la plaine et le camp des Chrétiens. Cette tour existe avec plusieurs autres, entre la porte de Damas et la porte d'Ephraïm.

Au second livre on reconnoît, dans l'épisode d'Olinde et de Sophronie, deux descriptions de lieu très-exactes :

> Nel tempio de' Cristiani occulto giace, etc.

« Dans le temple des Chrétiens, au fond
» d'un souterrain inconnu, s'élève un autel;
» sur cet autel est l'image de celle que ce
» peuple révère comme une Déesse et comme
» la mère d'un Dieu mort et enseveli. »

C'est l'église appelée aujourd'hui le Sépulcre de la Vierge ; elle est dans la vallée de Josaphat, et j'en ai parlé dans le second volume, pag. 258 et 259. Le Tasse par un privilége accordé aux poëtes, met cette église dans l'intérieur de Jérusalem.

La mosquée où l'image de la Vierge est placée d'après les conseils du magicien, est évidemment la mosquée du Temple.

> Io, là donde riceve
> L'alta vostra meschita e l'aura e'l die, etc.

« La nuit j'ai monté au sommet de la
» mosquée; et, par l'ouverture qui reçoit la
» clarté du jour, je me suis fait une route
» inconnue à tout autre. »

Le premier choc des Aventuriers, le combat singulier d'Argant, d'Othon, de Tancrède, de Raymond de Toulouse, a lieu devant la porte d'Ephraïm. Quand Armide arrive de Damas, elle entre, dit le poëte, par l'extrémité du camp. En effet, c'étoit près de la porte de Damas que se devoient trouver, du côté de l'ouest, les dernières tentes des Chrétiens.

Je place l'admirable scène de la fuite d'Herminie, vers l'extrémité septentrionale de la vallée de Josaphat. Lorsque l'amante de Tancrède a franchi la porte de Jérusalem avec son fidèle écuyer, *elle s'enfonce dans des vallons et prend des sentiers obliques et détournés.* (Cant. VI, stanz. 96.) Elle n'est donc pas sortie par la porte d'Ephraïm; car le chemin qui conduit de cette porte au camp des Croisés passe sur un terrain tout uni : elle a préféré s'échapper par la porte de l'orient; porte moins suspecte et moins gardée.

Herminie arrive dans un lieu profond et solitaire : *in solitaria ed ima parte.* Elle s'arrête et charge son écuyer d'aller parler à Tancrède; ce lieu profond et solitaire est très-bien marqué au haut de la vallée de Josaphat, avant de tourner l'angle septentrional de la ville. Là, Herminie pouvoit attendre en sûreté le retour de son messager ; mais elle ne peut résister à son impatience, elle monte sur la hauteur, et découvre les tentes lointaines. En effet en sortant de la ravine du torrent de Cédron, et marchant au nord, on devoit apercevoir, à main gauche, le camp des Chrétiens. Viennent alors ces stances admirables :

> Era la notte, etc.

« La nuit régnoit encore : aucun nuage
» n'obscurcissoit son front chargé d'étoiles:
» la lune naissante répandoit sa douce clarté:
» l'amoureuse beauté prend le ciel à témoin
» de sa flamme ; le silence et les champs sont
» les confidens muets de sa peine.

» Elle porte ses regards sur les tentes des
» Chrétiens : « O camp des Latins, dit-elle,
» objet cher à ma vue ! quel air on y res-
» pire ! comme il ranime mes sens et les
» recrée ! Ah ! si jamais le ciel donne un asile
» à ma vie agitée, je ne le trouverai que
» dans cette enceinte : non, ce n'est qu'au
» milieu des armes que m'attend le repos.

» O camp des Chrétiens, reçois la triste
» Herminie ! qu'elle obtienne, dans ton sein,

» cette pitié qu'amour lui promit ; cette
» pitié que jadis captive elle trouva dans
» l'ame de son généreux vainqueur. Je ne
» redemande point mes Etats, je ne rede-
» mande point le sceptre qui m'a été ravi :
» ô Chrétiens, je serai trop heureuse, si je
» puis seulement servir sous vos drapeaux ! »

» Ainsi parloit Herminie. Hélas ! elle ne
» prévoit pas les maux que lui apprête la
» fortune. Des rayons de lumière réfléchis
» sur ses armes, vont au loin frapper les re-
» gards : son habillement blanc, ce tigre
» d'argent qui brille sur son casque, annon-
» cent Clorinde.

» Non loin de là est une garde avancée ;
» à la tête sont deux frères, Alcandre et
» Polipherne. »

Alcandre et Polipherne devoient être placés, à peu près, vers les Sépulcres des Rois. On doit regretter que le Tasse n'ait pas décrit ces demeures souterraines; le caractère de son génie l'appeloit à la peinture d'un pareil monument.

Il n'est pas aussi aisé de déterminer le lieu où la fugitive Herminie rencontre le pasteur au bord du fleuve : cependant, comme il n'y a qu'un fleuve dans le pays, qu'Herminie est sortie de Jérusalem par la porte d'orient, il est probable que le Tasse a voulu placer cette scène charmante au bord du Jourdain. Il est inconcevable, j'en conviens, qu'il n'ait pas nommé ce fleuve; mais il est certain que ce grand poëte ne s'est pas assez attaché aux souvenirs de l'Ecriture, dont Milton a tiré tant de beautés.

Quant au lac et au château où la magicienne Armide enferme les chevaliers qu'elle a séduits, le Tasse déclare lui-même que ce lac est la mer Morte:

> Alfin giungemmo al loco, ove già scese
> Fiamma dal cielo, etc.

Un des plus beaux endroits du poëme, c'est l'attaque du camp des Chrétiens par Soliman. Le sultan marche la nuit au travers des plus épaisses ténèbres, car selon l'expression sublime du poëte:

> Votò Pluton gli abissi, e la sua notte
> Tutta versò dalle Tartare grotte.

Le camp est assailli du côté du couchant; Godefroy, qui occupe le centre de l'armée vers le nord, n'est averti qu'assez tard du combat qui se livre à l'aile droite, Soliman n'a pas pu se jeter sur l'aile gauche, quoiqu'elle soit plus près du désert, parce qu'il y a des ravines profondes de ce côté. Les Arabes, cachés pendant le jour dans la vallée de Térébinthe, en sont sortis avec les ombres pour tenter la délivrance de Solime.

Soliman vaincu prend seul le chemin de Gaza. Ismen le rencontre, et le fait monter sur un char qu'il environne d'un nuage. Ils traversent ensemble le camp des Chrétiens, et arrivent à la montagne de Solime. Cet épisode, admirable d'ailleurs, est conforme aux localités, jusqu'à l'extérieur du château de David près la porte de Jafa ou de Bethléem; mais il y a erreur dans le reste. Le poëte a confondu ou s'est plu à confondre la tour de David avec la tour Antonia: celle-ci étoit bâtie loin de là, au bas de la ville, à l'angle septentrional du Temple.

Quand on est sur les lieux, on croit voir les soldats de Godefroy partir de la porte d'Ephraïm, tourner à l'orient, descendre dans la vallée de Josaphat, et aller, comme de pieux et paisibles pélerins, prier l'Eternel sur la montagne des Oliviers. Remarquons que cette procession chrétienne rappelle d'une manière sensible la pompe des Panathénées, conduite à Eleusis au milieu des soldats d'Alcibiade. Le Tasse qui avoit tout lu, qui imite sans cesse Virgile, Homère et les autres poëtes de l'antiquité, a mis ici en beaux vers une des plus belles scènes de l'histoire. Ajoutons que cette procession est d'ailleurs un fait historique raconté par l'Anonyme, Robert moine, et Guillaume de Tyr.

Nous venons au premier assaut. Les machines sont plantées devant les murs du septentrion. Le Tasse est exact ici jusqu'au scrupule :

> Non era il fosso di palustre limo
> (Che nol consente il loco) o d'acqua molle.

C'est la pure vérité. Le fossé au septentrion est un fossé sec, ou plutôt une ravine naturelle, comme les autres fossés de la ville.

Dans les circonstances de ce premier assaut, le poëte a suivi son génie sans s'appuyer sur l'histoire ; et comme il lui convenoit de ne pas marcher aussi vite que le chroniqueur, il suppose que la principale machine fut brû-

lée par les Infidèles, et qu'il fallut recommen-
mencer le travail. Il est certain que les assiégés mirent le feu à une des tours des assiégeans. Le Tasse a étendu cet accident selon
le besoin de sa fable.

Bientôt s'engage le terrible combat de Tancrède et Clorinde : fiction la plus pathéti-
que qui soit jamais sortie du cerveau d'un
poëte. Le lieu de la scène est aisé à trouver.
Clorinde ne peut rentrer avec Argant par la
porte Dorée; elle est donc sous le Temple,
dans la vallée de Siloë. Tancrède la poursuit;
le combat commence; Clorinde mourante
demande le baptême; Tancrède, plus infor-
tuné que sa victime, va puiser de l'eau à une
source voisine; par cette source le lieu est
déterminé :

> Poco quindi lontan nel sen del monte
> Scaturia mormorando un picciol rio.

C'est la fontaine de Siloë, ou plutôt la source
de Marie, qui jaillit ainsi du pied de la montagne de Sion.

Je ne sais si la peinture de la sécheresse,
dans le treizième chant, n'est pas le morceau
du poëme le mieux écrit : le Tasse y marche

l'égal d'Homère et de Virgile. Ce morceau, travaillé avec soin, a une fermeté et une pureté de style qui manquent quelquefois aux autres parties de l'ouvrage :

<blockquote>Spenta è del cielo ogni benigna lampa, etc.</blockquote>

« Jamais le soleil ne se lève que couvert
» de vapeurs sanglantes, sinistre présage d'un
» jour malheureux : jamais il ne se couche
» que des taches rougeâtres ne menacent d'un
» aussi triste lendemain. Toujours le mal présent est aigri par l'affreuse certitude du mal
» qui doit le suivre.

» Sous ces rayons brûlans, la fleur tombe
» desséchée; la feuille pâlit, l'herbe languit
» altérée; la terre s'ouvre, et les sources tarissent. Tout éprouve la colère céleste, et
» les nues stériles répandues dans les airs, n'y
» sont plus que des vapeurs enflammées.

» Le ciel semble une noire fournaise : les
» yeux ne trouvent plus où se reposer : le
» zéphyr se tait enchaîné dans ses grottes obscures; l'air est immobile : quelquefois seulement la brûlante haleine d'un vent qui
» souffle du côté du rivage maure, l'agite et
» l'enflamme encore davantage.

» Les ombres de la nuit sont embrasées de
» la chaleur du jour : son voile est allumé du
» feu des comètes et chargé d'exhalaisons
» funestes. O terre malheureuse, le ciel te
» refuse sa rosée ! les herbes et les fleurs
» mourantes attendent en vain les pleurs de
» l'aurore.

» Le doux sommeil ne vient plus sur les
» ailes de la nuit verser ses pavots aux mor-
» tels languissans. D'une voix éteinte, ils im-
» plorent ses faveurs et ne peuvent les obte-
» nir. La soif, le plus cruel de tous les fléaux,
» consume les Chrétiens : le tyran de la Judée
» a infecté toutes les fontaines de mortels poi-
» sons, et leurs eaux funestes ne portent plus
» que les maladies et la mort.

» Le Siloë qui, toujours pur, leur avoit
» offert le trésor de ses ondes, appauvri main-
» tenant, roule lentement sur des sables qu'il
» mouille à peine : quelle ressource, hélas !
» l'Eridan débordé, le Gange, le Nil même,
» lorsqu'il franchit ses rives et couvre l'Egyp-
» te de ses eaux fécondes, suffiroient à peine
» à leurs desirs.

» Dans l'ardeur qui les dévore, leur ima-
» gination leur rappelle ces ruisseaux argen-

» tés qu'ils ont vus couler au travers des ga-
» zons ; ces sources qu'ils ont vues jaillir du
» sein d'un rocher et serpenter dans des prai-
» ries ; ces tableaux jadis si rians ne servent
» plus qu'à nourrir leurs regrets et à redou-
» bler leur désespoir.

» Ces robustes guerriers qui ont vaincu la
» nature et ses obstacles, qui jamais n'ont
» ployé sous leur pesante armure ; que n'ont
» pu dompter le fer ni l'appareil de la mort,
» foibles maintenant, sans courage et sans
» vigueur, pressent la terre de leur poids inu-
» tile : un feu secret circule dans leurs veines,
» les mine et les consume.

» Le coursier, jadis si fier, languit auprès
» d'une herbe aride et sans saveur ; ses pieds
» chancellent, sa tête superbe tombe négli-
» gemment penchée ; il ne sent plus l'aiguil-
» lon de la gloire, il ne se souvient plus des
» palmes qu'il a cueillies : ces riches dépouil-
» les, dont il étoit autrefois si orgueilleux,
» ne sont plus pour lui qu'un odieux et vil
» fardeau.

» Le chien fidèle oublie son maître et son
» asile ; il languit étendu sur la poussière, et
» toujours haletant, il cherche en vain à cal-

» mer le feu dont il est embrasé : l'air lourd
» et brûlant pèse sur les poumons qu'il devoit
» rafraîchir. »

Voilà de la grande, de la haute poésie. Cette peinture, si bien imitée dans Paul et Virginie, a le double mérite, de convenir au ciel de la Judée, et d'être fondée sur l'histoire : les Chrétiens éprouvèrent une pareille sécheresse au siége de Jérusalem. Robert nous en a laissé une description que je ferai connoître aux lecteurs.

Au quatorzième chant, nous chercherons un fleuve qui coule auprès d'Ascalon, et au fond duquel demeure l'hermite qui révéla à Ubalde et au chevalier danois les destinées de Renaud. Ce fleuve est le torrent d'Ascalon ou un autre torrent plus au nord, qui n'a été connu qu'au temps des Croisades, comme le témoigne d'Anville.

Quant à la navigation des deux chevaliers, l'ordre géographique y est merveilleusement suivi. Partant d'un port entre Jafa et Ascalon et descendant vers l'Egypte, ils durent voir successivement Ascalon, Gaza, Raphia et Damiette. Le poëte marque la route au couchant, quoiqu'elle fût d'abord au midi ;

mais il ne pouvoit entrer dans ce détail. En dernier résultat, je vois que tous les poëtes épiques ont été des hommes très-instruits; surtout ils étoient nourris des ouvrages de ceux qui les avoient précédés dans la carrière de l'épopée : Virgile traduit Homère; le Tasse imite à chaque stance quelque passage d'Homère, de Virgile, de Lucain, de Stace; Milton prend partout, et joint à ses propres trésors les trésors de ses devanciers.

Le seizième chant qui renferme la peinture des jardins d'Armide, ne fournit rien à notre sujet. Au dix-septième chant nous trouvons la description de Gaza, et le dénombrement de l'armée égyptienne ; sujet épique traité de main de maître, et où le Tasse montre une connoissance parfaite de la géographie et de l'histoire. Lorsque je passai de Jafa à Alexandrie, notre saïque descendit jusqu'en face de Gaza, dont la vue me rappela ces vers de la Jérusalem :

« Aux frontières de la Palestine, sur le » chemin qui conduit à Péluse, Gaza voit » au pied de ses murs expirer la mer et son » courroux : autour d'elle s'étendent d'im- » menses solitudes et des sables arides. Le

» vent qui règne sur les flots exerce aussi
» son empire sur cette mobile arène; et le
» voyageur voit sa route incertaine flotter et
» se perdre au gré des tempêtes. »

Le dernier assaut, au dix-neuvième chant, est absolument conforme à l'histoire. Godefroy fit attaquer la ville par trois endroits. Le vieux comte de Toulouse battit les murailles entre le couchant et le midi en face du château de la ville, près de la porte de Jafa. Godefroy força au nord la porte d'Ephraïm. Tancrède s'attacha à la tour angulaire, qui prit dans la suite le nom de Tour-de-Tancrède.

Le Tasse suit pareillement les chroniques dans les circonstances et le résultat de l'assaut. Ismen accompagné de deux sorcières est tué par une pierre lancée d'une machine : deux magiciennes furent en effet écrasées sur le mur à la prise de Jérusalem. Godefroy lève les yeux et voit les guerriers célestes qui combattent pour lui de toutes parts. C'est une belle imitation d'Homère et de Virgile, mais c'est encore une tradition du temps des Croisades:
« Les morts y entrèrent avec les vivans, dit
» le père Nau ; car plusieurs des illustres
» Croisés, qui étoient morts en diverses oc-

» casions devant que d'arriver, et entr'autres
» Adémar, ce vertueux et zélé évêque du
» Puy en Auvergne, y parurent sur les mu-
» railles, comme s'il eût manqué à la gloire
» qu'ils possédoient dans la Jérusalem céleste,
» celle de visiter la terrestre, et d'adorer le
» Fils de Dieu dans le trône de ses ignomi-
» nies et de ses souffrances, comme ils l'ado-
» roient dans celui de sa majesté et de sa puis-
» sance. »

La ville fut prise, ainsi que le raconte le poëte, au moyen des ponts qui s'élançoient des machines et s'abattoient sur les remparts. Godefroy et Gaston de Foix avoient donné le plan de ces machines, construites par des matelots pisans et génois. Ainsi dans cet assaut où le Tasse a déployé l'ardeur de son génie chevaleresque, tout est vrai, hors ce qui regarde Renaud : comme ce héros est de pure invention, ses actions doivent être imaginaires. Il n'y avoit point de guerrier appelé Renaud d'Est au siége de Jérusalem : le premier Chrétien qui s'élança sur les murs, ne fut point un chevalier du nom de Renaud, mais Létolde, gentilhomme flamand de la suite de Godefroy. Il fut suivi de Guicher, et de

Godefroy lui-même. La stance où le Tasse peint l'étendard de la Croix ombrageant les tours de Jérusalem délivrée, est sublime :

« L'étendard triomphant se déploie dans
» les airs; les vents respectueux soufflent plus
» mollement; le soleil plus serein le dore de
» ses rayons : les traits et les flèches se dé-
» tournent ou reculent à son aspect. Sion et
» la colline semblent s'incliner et lui offrir
» l'hommage de leur joie. »

Tous les historiens des Croisades parlent de la piété de Godefroy, de la générosité de Tancrède, de la justice et de la prudence du comte de Saint-Gilles; Anne Comnène elle-même fait l'éloge de ce dernier : le poëte nous a donc peint les héros que nous connoissons. Quand il invente des caractères, il est du moins fidèle aux mœurs. Argant est le véritable Mameluck :

L'altro è Circasso Argante, uom che straniero.....

« L'autre, c'est Argant le Circassien : aven-
» turier inconnu à la cour d'Egypte, il s'y
» est assis au rang des satrapes. Sa valeur l'a
» porté aux premiers honneurs de la guerre.
» Impatient, inexorable, farouche, infati-

» gable, invincible dans les combats, con-
» tempteur de tous les dieux, son épée est sa
» raison et sa loi. »

Soliman est un vrai sultan des premiers temps de l'Empire turc. Le poëte, qui ne néglige aucun souvenir, fait du sultan de Nicée un des ancêtres du grand Saladin; et l'on voit qu'il a eu l'intention de peindre Saladin lui-même sous les traits de son aïeul. Si jamais l'ouvrage de Dom Bertheleau voyoit le jour, on connoîtroit mieux les héros musulmans de la Jérusalem. Dom Bertheleau avoit traduit les auteurs arabes qui se sont occupés de l'histoire des Croisés. Cette précieuse traduction devoit faire partie de la collection des historiens de France.

Je ne saurois guère assigner le lieu où le féroce Argant est tué par le généreux Tancrède; mais il le faut chercher dans les vallées, entre le couchant et le septentrion. On ne le peut placer à l'orient de la tour angulaire qu'assiégeoit Tancrède; car alors Herminie n'eût pas rencontré le héros blessé, lorsqu'elle revenoit de Gaza avec Vafrin.

Quant à la dernière action du poëme, qui, selon la vérité, se passa près d'Ascalon, le

Tasse, avec un jugement exquis, l'a transportée sous les murs de Jérusalem. Dans l'histoire, cette action est très-peu de chose; dans le poëme, c'est une bataille supérieure à celles de Virgile, et égale aux plus grands combats d'Homère.

Je vais maintenant donner le siége de Jérusalem, tiré de nos vieilles chroniques : les lecteurs pourront comparer le poëme et l'histoire.

Le moine Robert est de tous les historiens des Croisades celui qu'on cite le plus souvent. L'Anonyme de la Collection *Gesta Dei per Francos*, est plus ancien; mais son récit est trop sec. Guillaume de Tyr pèche par le défaut contraire. Il faut donc s'arrêter au moine Robert : sa latinité est affectée; il copie les tours des poëtes; mais par cette raison même, au milieu de ses jeux de mots et de ses pointes (1), il est moins barbare que ses contemporains; il a d'ailleurs une certaine critique et une imagination brillante.

---

(1) *Papa Urbanus urbano sermone peroravit*, etc.; *Vallis speciosa et spaciosa*, etc. : c'est le goût du temps. Nos vieilles hymnes sont remplies de ces jeux de mots : *Quò carne carnis conditor*, etc.

« L'armée se rangea dans cet ordre, autour
» de Jérusalem : Le comte de Flandre et le
» comte de Normandie déployèrent leurs
» tentes du côté du septentrion ; non loin de
» l'église, bâtie sur le lieu où saint Etienne,
» premier martyr fut lapidé (1) ; Godefroy et
» Tancrède se placèrent à l'occident ; le comte
» de Saint-Gilles campa au midi, sur la mon-
» tagne de Sion (2), autour de l'église de Ma-
» rie, mère du Sauveur, autrefois la maison
» où le Seigneur fit la Cène avec ses disciples.
» Les tentes ainsi disposées, tandis que les
» troupes fatiguées de la route se reposoient et
» construisoient les machines propres au com-

---

(1) Le texte porte : *Juxta ecclesiam Sancti-Stephani protomartyris*, etc. J'ai traduit, *non loin*, parce que cette église n'est point au septentrion, mais à l'orient de Jérusalem ; et tous les autres historiens des Croisades disent que les comtes de Normandie et de Flandre se placèrent entre l'orient et le septentrion.

(2) Le texte : *Scilicet in monte Sion*. Cela prouve que la Jérusalem rebâtie par Adrien n'enveloppoit pas la montagne de Sion dans son entier, et que le local de la ville étoit absolument tel qu'on le voit aujourd'hui.

» bat, Raimond Pilet (1), Raimond de Tu-
» renne sortirent du camp avec plusieurs
» autres pour visiter les lieux voisins, dans la
» crainte que les ennemis ne vinssent les sur-
» prendre avant que les Croisés fussent prépa-
» rés. Ils rencontrèrent sur leur route trois cents
» Arabes; ils en tuèrent plusieurs, et leur pri-
» rent trente chevaux. Le second jour de la
» troisième semaine, 13 juin 1099, les Fran-
» çais attaquèrent Jérusalem ; mais ils ne pu-
» rent la prendre ce jour-là. Cependant leur
» travail ne fut pas infructueux ; ils renversè-
» rent l'avant-mur, et appliquèrent les échelles
» au mur principal. S'ils en avoient eu une
» assez grande quantité, ce premier effort eût
» été le dernier. Ceux qui montèrent sur les
» échelles combattirent long-temps l'en-
» nemi à coups d'épée et de javelot. Beau-
» coup des nôtres succombèrent dans cet as-
» saut; mais la perte fut plus considérable du
» côté des Sarrasins. La nuit mit fin à l'action
» et donna du repos aux deux partis. Toute-
» fois l'inutilité de ce premier effort occa-
» sionna à notre armée un long travail et

---

(1) *Piletus*, on lit ailleurs *Pilitus* et *Pelez*.

» beaucoup de peine; car nos troupes de-
» meurèrent sans pain pendant l'espace de
» dix jours, jusqu'à ce que nos vaisseaux
» fussent arrivés au port de Jafa. En outre,
» elles souffrirent excessivement de la soif; la
» fontaine de Siloë, qui est au pied de la mon-
» tagne de Sion, pouvoit à peine fournir de
» l'eau aux hommes, et l'on étoit obligé de
» mener boire les chevaux et les autres ani-
» maux à six milles du camp, et de les faire
» accompagner par une nombreuse escorte.
» . . . .

» Cependant la flotte arrivée à Jafa pro-
» cura des vivres aux assiégeans, mais ils ne
» souffrirent pas moins de la soif : elle fut si
» grande durant le siége, que les soldats
» creusoient la terre et pressoient les mottes
» humides contre leur bouche; ils léchoient
» aussi les pierres mouillées de rosée; ils
» buvoient une eau fétide qui avoit sé-
» journé dans des peaux fraîches de buffles
» et de divers animaux; plusieurs s'abste-
» noient de manger, espérant tempérer la
» soif par la faim. . . . .
» . . . .

» Pendant ce temps-là les généraux fai-

» soient apporter de fort loin de grosses pièces
» de bois pour construire des machines et des
» tours. Lorsque ces tours furent achevées,
» Godefroy plaça la sienne à l'orient de la
» ville; le comte de Saint-Gilles en établit une
» autre toute semblable au midi. Les dispo-
» sitions ainsi faites, le cinquième jour de la
» semaine, les Croisés jeûnèrent et distri-
» buèrent des aumônes aux pauvres; le
» sixième jour qui étoit le douzième de
» juillet, l'aurore se leva brillante; les guer-
» riers d'élite montèrent dans les tours, et
» dressèrent les échelles contre les murs de
» Jérusalem. Les enfans illégitimes de la Ville-
» Sainte s'étonnèrent et frémirent (1), en se
» voyant assiégés par une si grande multi-
» tude. Mais comme ils étoient de tous côtés
» menacés de leur dernière heure, que la mort

---

(1) *Stupent et contremiscunt adulterini cives urbis eximiæ.* L'expression est belle et vraie; car non-seulement les Sarrasins étoient en leur qualité d'étrangers des *citoyens adultères*, des enfans impurs de Jérusalem; mais ils pouvoient encore s'appeler *adulterini*, à cause de leur mère Agar, et relativement à la postérité légitime d'Israël par Sara.

» étoit suspendue sur leurs têtes ; certains de
» succomber, ils ne songèrent plus qu'à
» vendre cher le reste de leur vie. Cependant
» Godefroy se montroit sur le haut de sa
» tour, non comme un fantassin, mais comme
» un archer. Le Seigneur dirigeoit sa main
» dans le combat, et toutes les flèches
» qu'elle lançoit perçoient l'ennemi de part en
» part. Auprès de ce guerrier étoient Baudouin
» et Eustache ses frères, de même que deux
» lions auprès d'un lion : ils recevoient les
» coups terribles, des pierres et des dards,
» et les renvoyoient avec usure à l'ennemi.

» Tandis que l'on combattoit ainsi sur les
» murs de la ville, on faisoit une procession
» autour de ces mêmes murs, avec les croix,
» les reliques et les autels sacrés (1). L'avan-
» tage demeura incertain pendant une par-
» tie du jour ; mais à l'heure où le Sauveur
» du monde rendit l'esprit, un guerrier
» nommé Létolde, qui combattoit dans la

---

(1) *Sacra altaria*. Ceci a l'air de ne pouvoir se dire que d'une cérémonie païenne ; mais il y avoit apparemment dans le camp des Chrétiens des autels portatifs.

» tour de Godefroy, saute le premier sur
» les remparts de la ville. Guicher le suit,
» ce Guicher qui avoit terrassé un lion; Go-
» defroy s'élance le troisième, et tous les
» autres chevaliers se précipitent sur les pas
» de leur chef. Alors les arcs et les flèches
» sont abandonnés; on saisit l'épée. A cette
» vue, les ennemis désertent les murailles, et
» se jettent en bas dans la ville; les soldats du
» Christ les poursuivent avec de grands cris.

» Le comte de Saint-Gilles, qui de son
» côté faisoit des efforts pour approcher ses
» machines de la ville, entendit ces clameurs.
« Pourquoi, dit-il à ses soldats, demeurons-
» nous ici? Les Français sont maîtres de
» Jérusalem; ils la font retentir de leurs
» voix et de leurs coups. » Alors il s'avance
» promptement vers la porte qui est auprès
» du château de David; il appelle ceux qui
» étoient dans ce château, et les somme de
» se rendre. Aussitôt que l'émir eut reconnu
» le comte de Saint-Gilles, il lui ouvrit la
» porte, et se confia à la foi de ce vénérable
» guerrier.

» Mais Godefroy avec les Français, s'ef-
» forçoit de venger le sang chrétien; ré-

» pandu dans l'enceinte de Jérusalem, et vou-
» loit punir les Infidèles des railleries et des
» outrages qu'ils avoient fait souffrir aux
» pélerins. Jamais dans aucun combat il ne
» parut aussi terrible, pas même lorsqu'il com-
» batit le géant (1) sur le pont d'Antioche;
» Guicher et plusieurs milliers de guerriers
» choisis, fendoient les Sarrasins depuis la
» tête jusqu'à la ceinture ou les coupoient par
» le milieu du corps. Nul de nos soldats ne se
» montroit timide; car personne ne résis-
» toit (2). Les ennemis ne cherchoient qu'à
» fuir; mais la fuite pour eux étoit impos-
» sible; en se précipitant en foule ils s'em-
» barrassoient les uns les autres. Le petit nom-
» bre qui parvint à s'échapper, s'enferma dans
» le Temple de Salomon et s'y défendit assez
» long-temps. Comme le jour commençoit à
» baisser, nos soldats envahirent le Temple;
» pleins de fureur ils massacrèrent tous ceux
» qui s'y trouvèrent. Le carnage fut tel, que
» les cadavres mutilés étoient entraînés par

(1) C'étoit un Sarrasin d'une taille gigantesque, que Godefroy fendit en deux d'un seul coup d'épée, sur le pont d'Antioche.

(2) La réflexion est singulière.

» les flots de sang jusque dans le parvis ; les
» bras et les mains coupés flottoient sur ce
» sang, et alloient s'unir à des corps auxquels
» ils n'avoient point appartenu. »

En achevant de décrire les lieux célébrés par le Tasse, je me trouve heureux d'avoir pu rendre le premier à un poëte immortel le même honneur que d'autres avant moi ont rendu à Homère et à Virgile. Quiconque est sensible à la beauté, à l'art, à l'intérêt d'une composition poétique, à la richesse des détails, à la vérité des caractères, à la générosité des sentimens, doit faire de la Jérusalem délivrée sa lecture favorite. C'est surtout le poëme des soldats : il respire la valeur et la gloire, et comme je l'ai dit dans les Martyrs, il semble écrit au milieu des camps sur un bouclier.

Je passai environ cinq heures à examiner le théâtre des combats du Tasse. Ce théâtre n'occupe guère plus d'une demi-lieue de terrain, et le poëte a si bien marqué les divers lieux de son action, qu'il ne faut qu'un coup-d'œil pour les reconnoître.

Comme nous rentrions dans la ville par la vallée de Josaphat, nous rencontrâmes la cavalerie du Pacha qui revenoit de son expédition. On ne se peut figurer l'air de triomphe et de joie de cette troupe, victorieuse des moutons, des chèvres, des ânes et des chevaux de quelques pauvres Arabes du Jourdain.

C'est ici le lieu de parler du gouvernement de Jérusalem.

Il y a d'abord :

1°. Un *Mosallam* ou *Sangiachey*, commandant pour le militaire ;

2°. Un *Moula-Cady* ou ministre de la police ;

3°. Un *Moufty* chef des santons et des gens de loi.

Quand ce moufty est un fanatique, ou un méchant homme, comme celui qui se trouvoit à Jérusalem de mon temps, c'est de toutes les autorités la plus tyrannique pour les Chrétiens.

4°. Un *Moutenely* ou douanier de la mosquée de Salomon ;

5°. Un *Sousbachi* ou prévôt de la ville.

Ces tyrans subalternes relèvent tous, à l'exception du moufty, d'un premier tyran ; et ce premier tyran est le pacha de Damas.

Jérusalem est attachée, on ne sait pour

quoi, au pachalic de Damas; si ce n'est à cause du système destructeur que les Turcs suivent naturellement et comme par instinct. Séparée de Damas par des montagnes, plus encore par les Arabes qui infestent les déserts, Jérusalem ne peut pas toujours porter ses plaintes au pacha lorsque des gouverneurs l'oppriment. Il seroit plus simple qu'elle dépendît du pachalic d'Acre, qui se trouve dans le voisinage : les Francs et les Pères latins se mettroient sous la protection des consuls qui résident dans les ports de Syrie; les Grecs et les Turcs pourroient faire entendre leur voix. Mais c'est précisément ce qu'on cherche à éviter : on veut un esclavage muet, et non pas d'insolens opprimés qui oseroient dire qu'on les écrase.

Jérusalem est donc livrée à un gouverneur presqu'indépendant : il peut faire impunément le mal qu'il lui plaît, sauf à en compter ensuite avec le pacha. On sait que tout supérieur en Turquie a le droit de déléguer ses pouvoirs à un inférieur; et ses pouvoirs s'étendent toujours sur la propriété et la vie. Pour quelques bourses, un janissaire devient un petit aga; et cet aga, selon son bon plaisir, peut vous tuer ou vous permettre de racheter votre tête. Les bourreaux se multiplient ainsi dans tous les villages de la Judée. La seule chose qu'on entende dans ce pays, la seule justice dont il soit question, c'est : *Il payera dix, vingt, trente bourses ; on lui donnera cinq cents coups de bâton ; on lui coupera la tête.* Un acte d'injustice force à une injustice plus grande. Si l'on dépouille un paysan, on se met dans la nécessité de dépouiller le voisin ; car, pour échapper à l'hypocrite intégrité du pacha, il faut avoir, par un second crime, de quoi payer l'impunité du premier.

On croit peut-être que le pacha, en parcourant son gouvernement, porte remède à ces maux, et venge les peuples : le pacha est lui-même le plus grand fléau des habitans de Jérusalem. On redoute son arrivée comme celle d'un chef ennemi : on ferme les boutiques ; on se cache dans des souterrains ; on feint d'être mourant sur sa natte, ou l'on fuit dans la montagne.

Je puis attester la vérité de ces faits, puisque je me suis trouvé à Jérusalem au moment de l'arrivée du pacha. Abdallah est d'une avarice sordide, comme presque tous les Musulmans : en sa qualité de chef de la caravane de la Mecque, et sous prétexte d'avoir de l'argent pour mieux protéger les pélerins, il se croit en droit de multiplier les exactions; il n'y a point de moyens qu'il n'invente. Un de ceux qu'il emploie le plus souvent, c'est de fixer un maximum fort bas pour les comestibles. Le peuple crie à la merveille, mais les marchands ferment leurs boutiques. La disette commence; le pacha fait traiter secrètement avec les marchands; il leur donne, pour un certain nombre de bourses, la permission de vendre au taux qu'ils voudront. Les marchands cherchent à retrouver l'argent qu'ils ont donné au pacha : ils portent les denrées à un prix extraordinaire; et le peuple, mourant de faim une seconde fois, est obligé, pour vivre, de se dépouiller de son dernier vêtement.

J'ai vu ce même Abdallah commettre une vexation plus ingénieuse encore. J'ai dit qu'il avoit envoyé sa cavalerie piller des Arabes cultivateurs, de l'autre côté du Jourdain. Ces bonnes gens, qui avoient payé le miri, et qui ne se croyoient point en guerre, furent surpris au milieu de leurs tentes et de leurs troupeaux. On leur vola deux mille deux cents chèvres et moutons, quatre-vingt-quatorze veaux, mille ânes et six jumens de première race : les chameaux seuls échappèrent (1); un scheick les appela de loin, et ils le suivirent : ces fidèles enfans du désert allèrent porter leur lait à leurs maîtres dans la montagne, comme s'ils avoient deviné que ces maîtres n'avoient plus d'autre nourriture.

Un Européen ne pourroit guère imaginer ce que le pacha fit de ce butin. Il mit à chaque animal un prix excédant deux fois sa valeur. Il estima chaque chèvre et chaque mouton à vingt piastres, chaque veau à quatre-vingts. On envoya les bêtes ainsi taxées aux bouchers, aux différens particuliers de Jérusalem, et aux chefs des villages voisins : il falloit les prendre et les payer sous peine de mort. J'avoue que si je n'avois pas vu de mes yeux cette double iniquité, elle me paroîtroit tout-à-fait incroyable. Quant aux ânes et aux chevaux, ils demeurèrent aux cavaliers; car, par une singulière convention entre ces voleurs, les animaux à pied fourchu appartien-

---

(1) On en prit cependant vingt-six.

nent au pacha dans les épaves, et toutes les autres bêtes sont le partage des soldats.

Après avoir épuisé Jérusalem, le pacha se retire. Mais afin de ne pas payer les gardes de la ville, et pour augmenter l'escorte de la caravane de la Mecque, il emmène avec lui les soldats. Le gouverneur reste seul avec une douzaine de sbires, qui ne peuvent suffire à la police intérieure, encore moins à celle du pays. L'année qui précéda celle de mon voyage, il fut obligé de se cacher lui-même dans sa maison, pour échapper à des bandes de voleurs qui passoient par-dessus les murs de Jérusalem, et qui furent au moment de piller la ville.

A peine le pacha a-t-il disparu, qu'un autre mal, suite de son oppression, commence. Les villages dévastés se soulèvent; ils s'attaquent les uns les autres pour exercer des vengeances héréditaires. Toutes les communications sont interrompues: l'agriculture périt; le paysan va, pendant la nuit, ravager la vigne et couper l'olivier de son ennemi. Le pacha revient l'année suivante; il exige le même tribut dans un pays où la population est diminuée. Il faut qu'il redouble d'oppression, et qu'il extermine des peuplades entières.

Peu à peu le désert s'étend ; on ne voit plus que de loin à loin des masures en ruines, et à la porte de ces masures, des cimetières toujours croissans : chaque année voit périr une cabane et une famille ; et bientôt il ne reste que le cimetière, pour indiquer le lieu où le village s'élevoit.

Rentré au couvent à dix heures du matin, j'achevai de visiter la bibliothèque. Outre le registre des firmans dont j'ai parlé, je trouvai un manuscrit autographe du savant Quaresmius. Ce manuscrit latin a pour objet, comme les ouvrages imprimés du même auteur, des recherches sur la Terre-Sainte. Quelques autres cartons contenoient des papiers turcs et arabes, relatifs aux affaires du couvent, des lettres de la Congrégation, des mélanges, etc. ; je vis aussi des traités des Pères de l'Eglise, plusieurs pèlerinages à Jérusalem, l'ouvrage de l'abbé Mariti et l'excellent Voyage de M. de Volney. Le père Clément Pérès avoit cru découvrir de légères inexactitudes dans ce dernier Voyage ; il les avoit marquées sur des feuilles volantes, et il me fit présent de ces notes.

J'avois tout vu à Jérusalem ; je connoissois désormais l'intérieur et l'extérieur de cette ville, et même beaucoup mieux que je ne connois le dedans et les dehors de Paris. Je commençai donc à songer à mon départ. Les Pères de Terre-Sainte voulurent me faire un honneur que je n'avois ni demandé, ni mérité. En considération des foibles services que, selon eux, j'avois rendus à la Religion, ils me prièrent d'accepter l'Ordre du Saint-Sépulcre. Cet Ordre, très-ancien dans la Chrétienté, sans même en faire remonter l'origine à sainte Hélène, étoit autrefois assez répandu en Europe. On ne le retrouve plus guère aujourd'hui qu'en Pologne et en Espagne : le Gardien du Saint-Sépulcre a seul le droit de le conférer.

Nous sortîmes à une heure du couvent, et nous nous rendîmes à l'église du Saint-Sépulcre. Nous entrâmes dans la chapelle qui appartient aux Pères latins; on en ferma soigneusement les portes, de peur que les Turcs n'aperçussent les armes, ce qui coûteroit la vie aux religieux. Le Gardien se revêtit de ses habits pontificaux; on alluma les lampes et les cierges; tous les Frères présens formèrent un cercle autour de moi, les bras croisés sur la poitrine. Tandis qu'ils chantoient à voix basse le *Veni Creator*, le Gardien monta à l'autel, et je me mis à genoux à ses pieds. On tira du trésor du Saint-Sépulcre, les éperons et l'épée de Godefroy de Bouillon : deux religieux debout, à mes côtés, tenoient les dépouilles vénérables. L'officiant récita les prières accoutumées, et me fit les questions d'usage. Ensuite il me chaussa les éperons, me frappa trois fois l'épaule avec l'épée en me donnant l'accolade. Les religieux entonnèrent le *Te Deum*, tandis que le gardien prononçoit cette oraison sur ma tête :

« Seigneur, Dieu tout-puissant, répands
» ta grâce et tes bénédictions sur ce tien
» serviteur, etc. »

Tout cela n'est que le souvenir de mœurs qui n'existent plus. Mais, que l'on songe que j'étois à Jérusalem, dans l'église du Calvaire, à douze pas du tombeau de Jésus-Christ, à trente du tombeau de Godefroy de Bouillon ; que je venois de chausser l'éperon du libérateur du Saint-Sépulcre, de toucher cette longue et large épée de fer qu'avoit maniée une main si noble et si loyale ; que l'on se rappelle ces circonstances, ma vie aventureuse, mes courses sur la terre et sur la mer, et l'on croira sans peine que je devois être ému. Cette cérémonie, au reste, ne pouvoit être tout-à-fait vaine : j'étois Français; Godefroy de Bouillon étoit Français : ses vieilles armes, en me touchant, m'avoient communiqué un nouvel amour pour la gloire et l'honneur de ma patrie. Je n'étois pas sans doute *sans reproche*, mais aujourd'hui tout Français peut se dire *sans peur*.

On me délivra mon brevet, revêtu de la signature du Gardien et du sceau du couvent. Avec ce brillant diplôme de chevalier, on me donna mon humble patente de pélerin. Je les conserve, comme un monument de mon passage dans la terre du vieux voyageur Jacob.

Maintenant que je vais quitter la Palestine, il faut que le lecteur se transporte avec moi hors des murailles de Jérusalem, pour jeter un dernier regard sur cette ville extraordinaire.

Arrêtons-nous d'abord à la grotte de Jérémie, près des Sépulcres des Rois. Cette grotte est assez vaste, et la voûte en est soutenue par un pilier de pierres. C'est là, dit-on, que le prophète fit entendre ses Lamentations; elles ont l'air d'avoir été composées à la vue de la moderne Jérusalem, tant elles peignent naturellement l'état de cette ville désolée:

« Comment cette ville si pleine de peu-
» ple, est-elle maintenant si solitaire et si
» désolée? La maîtresse des nations est deve-
» nue comme veuve : la reine des provinces
» a été assujettie au tribut. »

« Les rues de Sion pleurent, parce qu'il
» n'y a plus personne qui vienne à ses so-
» lennités. Toutes ses portes sont détruites;
» ses prêtres ne font que gémir; ses vierges
» sont toutes défigurées de douleur; et elle
» est plongée dans l'amertume. »

« O vous tous qui passez par le chemin!
» considérez et voyez s'il y a une douleur
» comme la mienne. »

« Le Seigneur a résolu d'abattre la mu-
» raille de la fille de Sion : il a tendu son
» cordeau, et il n'a point retiré sa main que

» tout ne fût renversé : le boulevard est tom-
» bé d'une manière déplorable, et le mur a
» été détruit de même. »

« Ses portes sont enfoncées dans la terre ;
» il en a rompu et brisé les barres ; il a banni
» son roi et ses princes parmi les nations : il
» n'y a plus de loi ; et ses prophètes n'ont
» point reçu de visions prophétiques du Sei-
» gneur. »

« Mes yeux se sont affoiblis à force de
» verser des larmes ; le trouble a saisi mes
» entrailles : mon cœur s'est répandu en terre
» en voyant la ruine de la fille de mon peu-
» ple, en voyant les petits enfans et ceux qui
» étoient encore à la mamelle tomber morts
» dans la place de la ville. »

« A qui vous comparerai-je, ô fille de Jé-
» rusalem ? à qui dirai-je que vous ressem-
» blez ? »

« Tous ceux qui passoient par le chemin
» ont frappé des mains en vous voyant : ils
» ont sifflé la fille de Jérusalem en branlant
» la tête et en disant : Est-ce là cette ville d'une
» beauté si parfaite, qui étoit la joie de toute
» la terre ? »

Vue de la montagne des Oliviers, de l'autre

côté de la vallée de Josaphat, Jérusalem présente un plan incliné sur un sol qui descend du couchant au levant. Une muraille crénelée, fortifiée par des tours et par un château gothique, enferme la ville dans son entier, laissant toutefois au-dehors une partie de la montagne de Sion, qu'elle embrassoit autrefois.

Dans la région du couchant et au centre de la ville, vers le Calvaire, les maisons se serrent d'assez près; mais au levant, le long de la vallée de Cédron, on aperçoit des espaces vides, entr'autres, l'enceinte qui règne autour de la mosquée bâtie sur les débris du Temple, et le terrain presque abandonné où s'élevoient le château Antonia et le second palais d'Hérode.

Les maisons de Jérusalem sont de lourdes masses carrées, fort basses, sans cheminées et sans fenêtres; elles se terminent en terrasses aplaties ou en dômes, et elles ressemblent à des prisons ou à des sépulcres. Tout seroit à l'œil d'un niveau égal, si les clochers des églises, les minarets des mosquées, les cimes de quelques cyprès et les buissons de nopals ne rompoient l'uniformité du plan. A la vue de ces maisons de pierres, renfermées dans un paysage de pierres, on se demande si ce ne sont pas là les monumens confus d'un cimetière au milieu d'un désert ?

Entrez dans la ville, rien ne vous consolera de la tristesse extérieure : vous vous égarez dans de petites rues non pavées, qui montent et descendent sur un sol inégal, et vous marchez dans des flots de poussière, ou parmi des cailloux roulans. Des toiles jetées d'une maison à l'autre augmentent l'obscurité de ce labyrinthe ; des bazars voûtés et infects achèvent d'ôter la lumière à la ville désolée ; quelques chétives boutiques n'étalent aux yeux que la misère ; et souvent ces boutiques même sont fermées, dans la crainte du passage d'un cadi. Personne dans les rues, personne aux portes de la ville ; quelquefois seulement un paysan se glisse dans l'ombre, cachant sous ses habits les fruits de son labeur, dans la crainte d'être dépouillé par le soldat ; dans un coin à l'écart, le boucher arabe égorge quelque bête suspendue par les pieds à un mur en ruines : à l'air hagard et féroce de cet homme, à ses bras ensanglantés, vous croiriez qu'il vient plutôt de tuer son semblable, que d'immoler un agneau. Pour tout bruit dans la cité déicide, on entend par intervalle le galop de la cavale du désert : c'est le janissaire qui apporte la tête du Bédouin, ou qui va piller le Fellah.

Au milieu de cette désolation extraordinaire, il faut s'arrêter un moment pour contempler des choses plus extraordinaires encore. Parmi les ruines de Jérusalem, deux espèces de peuples indépendans trouvent dans leur foi de quoi surmonter tant d'horreurs et de misères. Là vivent des religieux chrétiens que rien ne peut forcer à abandonner le Tombeau de Jésus-Christ, ni spoliations, ni mauvais traitemens, ni menaces de la mort. Leurs cantiques retentissent nuit et jour autour du Saint-Sépulcre. Dépouillés le matin par un gouverneur turc, le soir les retrouve au pied du Calvaire, priant au lieu où Jésus-Christ souffrit pour le salut des hommes. Leur front est serein, leur bouche riante. Ils reçoivent l'étranger avec joie. Sans forces et sans soldats, ils protégent des villages entiers contre l'iniquité. Pressés par le bâton et par le sabre, les femmes, les enfans, les troupeaux se réfugient dans les cloîtres de ces solitaires.

Qui empêche le méchant armé de poursuivre sa proie, et de renverser d'aussi foibles remparts? La charité des moines : ils se privent des dernières ressources de la vie pour racheter leurs supplians. Turcs, Arabes, Grecs, Chrétiens schismatiques, tous se jettent sous la protection de quelques pauvres religieux, qui ne peuvent se défendre eux-mêmes. C'est ici qu'il faut reconnoître avec Bossuet, « que des mains levées vers le ciel, » enfoncent plus de bataillons que des mains » armées de javelots. »

Tandis que la nouvelle Jérusalem sort ainsi *du désert, brillante de clarté*, jetez les yeux entre la montagne de Sion et le Temple; voyez cet autre petit peuple qui vit séparé du reste des habitans de la cité. Objet particulier de tous les mépris, il baisse la tête sans se plaindre; il souffre toutes les avanies sans demander justice; il se laisse accabler de coups sans soupirer; on lui demande sa tête : il la présente au cimeterre. Si quelque membre de cette société proscrite vient à mourir, son compagnon ira, pendant la nuit, l'enterrer furtivement dans la vallée de Josaphat, à l'ombre du Temple de Salomon. Pénétrez dans la demeure de ce peuple, vous le trouverez dans une affreuse misère, faisant lire un livre mystérieux à des enfans qui, à leur tour, le feront lire à leurs enfans. Ce qu'il faisoit il y a cinq mille ans, ce peuple le fait encore. Il a assisté dix-sept fois à la ruine de Jérusalem, et rien ne peut le décourager; rien ne peut l'empêcher de tourner ses regards vers Sion. Quand on voit les Juifs dispersés sur la terre, selon la parole de Dieu, on est surpris sans doute: mais, pour être frappé d'un étonnement surnaturel, il faut les retrouver à Jérusalem; il faut voir ces légitimes maîtres de la Judée esclaves et étrangers dans leur propre pays; il faut les voir attendant, sous toutes les oppressions, un roi qui doit les délivrer. Ecrasés par la Croix qui les condamne et qui est plantée sur leurs têtes, cachés près du Temple dont il ne reste pas pierre sur pierre, ils demeurent dans leur déplorable aveuglement. Les Perses, les Grecs, les Romains ont disparu de la terre; et un petit peuple, dont l'origine précéda celle de ces grands peuples, existe encore sans mélange dans les décombres de sa patrie. Si quelque chose, parmi les nations, porte le caractère du miracle, nous pensons que ce caractère est ici. Et qu'y a-t-il de plus merveilleux, même aux yeux du philosophe, que cette rencontre de l'antique et de la nouvelle Jérusalem au pied du Calvaire : la première s'affligeant à l'aspect du sépulcre de Jésus-Christ ressuscité ; la seconde se consolant auprès du seul Tombeau qui n'aura rien à rendre à la fin des siècles !

Je remerciai les Pères de leur hospitalité ; je leur souhaitai bien sincèrement un bonheur qu'ils n'attendent guère ici-bas ; prêt à les quitter j'éprouvois une véritable tristesse. Je ne connois point de martyre comparable à celui de ces infortunés religieux ; l'état où ils vivent ressemble à celui où l'on étoit, en France, sous le règne de la terreur. J'allois rentrer dans ma patrie, embrasser mes parens, revoir mes amis, retrouver les douceurs de la vie ; et ces Pères qui avoient aussi des parens, des amis, une patrie, demeuroient exilés dans cette terre d'esclavage. Tous n'ont pas la force d'ame qui rend insensible aux chagrins ; j'ai entendu des regrets qui m'ont fait connoître l'étendue du sacrifice. Jésus-Christ à ces mêmes bords n'a-t-il pas trouvé le calice amer ? Et pourtant il l'a bu jusqu'à la lie.

Le 12 octobre, je montai à cheval avec Ali-Aga, Jean, Julien et le drogman Michel. Nous sortîmes de la ville, au coucher du soleil, par la porte des Pélerins. Nous traversâmes le camp du pacha. Je m'arrêtai avant de descendre dans la vallée de Térébinthe, pour regarder encore Jérusalem. Je distinguai par-dessus les murs le dôme de l'église du Saint-Sépulcre. Il ne sera plus salué par le pélerin, car il n'existe plus ; et le Tombeau de Jésus-Christ est maintenant exposé aux injures de l'air. Autrefois la Chrétienté entière seroit accourue pour réparer le sacré monument ; aujourd'hui personne n'y pense, et la moindre aumône employée à cette œuvre méritoire, paroîtroit une ridicule superstition. Après avoir contemplé pendant quelque temps Jérusalem, je m'enfonçai dans les montagnes. Il étoit six heures vingt-neuf minutes, lorsque je perdis de vue la Cité-Sainte : le navigateur marque ainsi le moment où disparoît à ses yeux une terre lointaine qu'il ne reverra jamais.

Nous trouvâmes au fond de la vallée de Térébinthe les chefs des Arabes de Jérémie, Abou-Gosh et Giaber : ils nous attendoient. Nous arrivâmes à Jérémie vers minuit ; il fallut manger un agneau qu'Abou-Gosh nous avoit fait préparer. Je voulus lui donner quelque argent, il le refusa, et me pria seulement de lui envoyer deux *couffes* de riz de Damiette quand je serois en Egypte : je le lui promis de grand cœur, et pourtant je ne me souvins de ma promesse qu'à l'instant même où je m'embarquois pour Tunis. Aussitôt que nos communications avec le Levant seront rétablies, Abou-Gosh recevra certainement son riz de Damiette ; il verra qu'un Français peut manquer de mémoire, mais jamais de parole. J'espère que les petits Bédouins de Jérémie monteront la garde autour de mon présent, et qu'ils diront encore : « En avant ! Marche ! »

J'arrivai à Jafa le 13 à midi.

SIXIÈME PARTIE.

VOYAGE D'ÉGYPTE.

Je me trouvai fort embarrassé à mon retour à Jafa : il n'y avoit pas un seul vaisseau dans le port. Je flottois entre le dessein d'aller m'embarquer à Saint-Jean-d'Acre et celui de me rendre en Egypte par terre. J'aurois beaucoup mieux aimé exécuter ce dernier projet ; mais il étoit impraticable. Cinq partis armés se disputoient alors les bords du Nil : Ibraïm-Bey dans la Haute-Egypte ; deux autres petits beys indépendans ; le pacha de la Porte au Caire ; une troupe d'Albanais révoltés ; El-Fy-Bey dans la Basse-Egypte. Ces différens partis infestoient les chemins ; et les

Arabes, profitant de la confusion, achevoient de fermer tous les passages.

La Providence vint à mon secours. Le surlendemain de mon arrivée à Jafa, comme je me préparois à partir pour Saint-Jean-d'Acre, on vit entrer, dans le port, une saïque. Cette saïque de l'Echelle de Tripoli de Syrie étoit sur son lest, et s'enquéroit d'un chargement. Les Pères envoyèrent chercher le capitaine : il consentit à me porter à Alexandrie, et nous eûmes bientôt conclu notre traité. J'ai conservé ce petit traité écrit en arabe. M. Langlès, si connu par son érudition dans les langues orientales, l'a jugé digne d'être mis sous les yeux des savans, à cause de plusieurs singularités. Il a eu la complaisance de le traduire, lui-même, et j'ai fait graver l'original :

LUI (DIEU).

« Le but de cet écrit et le motif qui l'a fait tra-
» cer est que le jour et la date désignés ci après (1),

---

(1) Le jour et la date, c'est-à-dire l'année, *yeoûm oùé târykh*, ont été oubliés. Outre cette omission, nous avons remarqué plusieurs fautes d'orthographe assez graves dont on trouvera la rectification au bas du *fac-simile* de l'original arabe. *(Note de M. Langlès.)*

Tom. III. Page 54.

هو

[Arabic manuscript text - handwritten document]

Lisez:
1. تسطير
2. بلاءه
3. ثمانين
4. يقدم لهم
5. آما

Gravé par Miller 1811

» nous soussignés avons loué notre bâtiment au por-
» teur de ce traité, le signor Francesko, Français
» (pour aller) de l'Echelle d'Yâfâ à Alexandrie, à
» condition qu'il n'entrera dans aucun autre port,
» et qu'il ira droit à Alexandrie, à moins qu'il
» ne soit forcé par le mauvais temps de surgir dans
» quelque Echelle. Le nolis de ce bâtiment est de
» quatre cent quatre-vingts *ghrouch* (piastres) au
» lion, lesquels valent chacun quarante pârah (1).
» Il est aussi convenu entre eux que le nolis susdit
» ne sera acquitté que lorsqu'ils seront entrés à
» Alexandrie. Arrêté et convenu entre eux, et cela
» devant les témoins soussignés. Témoins :
 » Le séïd (le sieur) Mousthafa êl Bâbâ; le séïd
» Hhocéïn Chetmâ. Le reïs (patron) Hhannâ De-
» mitry (Jean Démétrius), de Tripoly de Syrie,
» affirme la vérité du contenu de cet écrit.

---

(1) Quoiqu'on ait employé ici le mot arabe *fadh-dhah*, qui signifie proprement de l'argent, ce mot désigne ici la très-petite pièce de monnoie connue en Egypte sous le nom de *pârah*, ou *meydyn*, évaluée à 8 deniers $\frac{4}{7}$ dans l'*Annuaire de la République française*, publié au Caire en l'an IX. Suivant le même ouvrage, page 60, la piastre turke, le *ghrouch* de 40 *pârah*, vaut 1 l. 8 s. 6 d. $\frac{6}{7}$.
(*Idem.*)

» Le réïs (patron) Hhannâ a touché sur le mon-
» tant du nolis, ci-dessus énoncé, la somme de cent
» quatre-vingts *ghrouch* au lion; le reste, c'est-à-dire
» les trois cents autres ghrouch, lui seront payés à
» Alexandrie; et, comme ils servent d'assurance pour
» le susdit bâtiment depuis Yâfâ jusqu'à Alexan-
» drie, ils restent dans la bourse du signor Fran-
» cesko, pour cette seule raison. Il est convenu en
» outre que le patron leur fournira, à un juste
» prix, de l'eau, du feu pour faire la cuisine, et du
» sel, ainsi que toutes les provisions dont ils pour-
» roient manquer, et les vivres. »

Ce ne fut pas sans un véritable regret, que je quittai mes vénérables hôtes le 16 octobre. Un des Pères me donna des lettres de recommandation pour l'Espagne; car mon projet étoit, après avoir vu Carthage, de finir mes courses par les ruines de l'Alhambra. Ainsi ces religieux, qui restoient exposés à tous les outrages, songeoient encore à m'être utiles au-delà des mers et dans leur propre patrie.

Avant de quitter Jafa, j'écrivis à M. Pillavoine consul de France, à Saint-Jean-d'Acre, la lettre suivante :

Jafa, ce 16 octobre 1806.

« Monsieur,

» J'ai l'honneur de vous envoyer la lettre de
» recommandation que M. l'ambassadeur de France
» à Constantinople m'avoit remise pour vous. La
» saison étant déjà très-avancée, et mes affaires me
» rappelant dans notre commune patrie, je me vois
» forcé de partir pour Alexandrie. Je perds à re-
» gret l'occasion de faire votre connoissance. J'ai
» visité Jérusalem; j'ai été témoin des vexations que
» le pacha de Damas fait éprouver aux religieux de
» Terre-Sainte. Je leur ai conseillé, comme vous,
» la résistance. Malheureusement ils ont connu trop
» tard tout l'intérêt que l'Empereur prend à leur sort.
» Ils ont donc encore cédé en partie aux demandes
» d'Abdallah : il faut espérer qu'ils auront plus de
» fermeté l'année prochaine. D'ailleurs, il m'a paru
» qu'ils n'avoient manqué cette année ni de pru-
» dence ni de courage.

» Vous trouverez, Monsieur, deux autres lettres
» jointes à la lettre de M. l'ambassadeur : l'une m'a
» été remise par M. Dubois, négociant; je tiens
» l'autre du drogman de M. Vial, consul de France
» à Modon.

» J'ose prendre encore, Monsieur, la liberté de
» vous recommander M. D..... que j'ai vu ici. On

» m'a dit qu'il étoit honnête homme, pauvre et
» malheureux : ce sont là trois grands titres à la
» protection de la France.

» Agréez, Monsieur, je vous prie, etc. »

F. A. DE CH.

Jean et Julien ayant porté nos bagages à bord, je m'embarquai le 16 à huit heures du soir. La mer étoit grosse et le vent peu favorable. Je restai sur le pont aussi long-temps que je pus apercevoir les lumières de Jafa. J'avoue que j'éprouvois un certain sentiment de plaisir, en pensant que je venois d'accomplir un pèlerinage que j'avois médité depuis si long-temps. J'espérois mettre bientôt à fin cette sainte aventure, dont la partie la plus hasardeuse me sembloit achevée. Quand je songeois que j'avois traversé presque seul le continent et les mers de la Grèce ; que je me retrouvois encore seul, dans une petite barque, au fond de la Méditerranée, après avoir vu le Jourdain, la mer Morte et Jérusalem, je regardois mon retour par l'Egypte, la Barbarie et l'Espagne, comme la chose du monde la plus facile : je me trompois pourtant.

Je me retirai dans la chambre du capitaine, lorsque nous eûmes perdu de vue les lumières de Jafa, et que j'eus salué pour la dernière fois les rivages de la Terre-Sainte; mais le lendemain à la pointe du jour, nous découvrîmes encore la côte en face de Gaza, car le capitaine avoit fait route au midi. L'aurore nous amena une forte brise de l'orient, la mer devint belle, et nous mîmes le cap à l'ouest. Ainsi je suivois absolument le chemin qu'Ubalde et le Danois avoient parcouru pour aller délivrer Renaud. Mon bateau n'étoit guère plus grand que celui des deux chevaliers, et comme eux j'étois conduit par la Fortune. Ma navigation de Jafa à Alexandrie ne dura que quatre jours, et jamais je n'ai fait sur les flots une course plus agréable et plus rapide. Le ciel fut constamment pur, le vent bon, la mer brillante. On ne changea pas une seule fois la voile. Cinq hommes composoient l'équipage de la saïque, y compris le capitaine; gens moins gais que mes grecs de l'île de Tino, mais en apparence plus habiles. Des vivres frais, des grenades excellentes, du vin de Chypre, du café de la meilleure qualité nous tenoient dans l'abondance et dans la joie. L'excès de ma prospérité auroit dû me causer des alarmes; mais quand j'aurois eu l'anneau de Polycrates, je me serois bien gardé de le jeter dans la mer, à cause du maudit esturgeon.

Il y a dans la vie du marin quelque chose d'aventureux qui nous plaît et qui nous attache. Ce passage continuel du calme à l'orage, ce changement rapide des terres et des cieux, tiennent éveillée l'imagination du navigateur. Il est lui même, dans ses destinées, l'image de l'homme ici-bas : toujours se promettant de rester au port, et toujours déployant ses voiles; cherchant des îles enchantées où il n'arrive presque jamais, et dans lesquelles il s'ennuie s'il y touche; ne parlant que de repos, et n'aimant que les tempêtes ; périssant au milieu d'un naufrage, ou mourant vieux nocher sur la rive, inconnu des jeunes navigateurs dont il regrette de ne pouvoir suivre le vaisseau.

Nous traversâmes le 17 et le 18 le golfe de Damiette : cette ville remplace à peu près l'ancienne Peluse. Quand un pays offre de grands et de nombreux souvenirs, la mémoire, pour se débarrasser des tableaux qui l'accablent, s'attache à un seul évènement; c'est ce qui m'arriva en passant le golfe de Péluse : je commençai par remonter en pensée jusqu'aux premiers Pharaons, et je finis par ne pouvoir plus songer qu'à la mort de Pompée; c'est selon moi le plus beau morceau de Plutarque et d'Amyot son traducteur :

« Cependant la barque s'approcha, et
» Septimius se leva le premier en pieds qui
» salua Pompeius, en langage romain, du
» nom d'Imperator, qui est à dire, souve-
» rain capitaine, et Achillas le salua aussi en
» langage grec, et lui dit qu'il passât en sa
» barque, pour ce que le long du rivage il
» y avoit force vase et des bans de sable,
» tellement qu'il n'y avoit pas assez eau
» pour sa galère; mais en même temps on
» voyoit de loin plusieurs galères de celles
» du roi, qu'on armoit en diligence, et toute
» la côte couverte de gens de guerre, telle-
» ment que quand Pompeius et ceux de sa
» compagnie eussent voulu changer d'avis,
» ils n'eussent plus seu se sauver, et si y
» avoit d'avantage qu'en montrant de se dé-
» fier, ils donnoient au meurtrier quelque

» couleur d'exécuter sa méchanceté. Par-
» quoi prenant congé de sa femme Cornelia,
» laquelle déjà avant le coup faisoit les la-
» mentations de sa fin, il commanda à deux
» centeniers qu'ils entrassent en la barque de
» l'Egyptien devant lui, et à un de ses serfs
» affranchis qui s'appeloit Philippus, avec
» un autre esclave qui se nommoit Scynes : et
» comme ja Achillas lui tendoit la main de
» dedans sa barque, il se retourna devers
» sa femme et son fils, et leur dit ce vers
» de Sophocles :

> Qui en maison de prince entre, devient
> Serf, quoi qu'il soit libre quand il y vient.

» Ce furent les dernières paroles qu'il dit
» aux siens, quand il passa de sa galère en la
» barque : et pour ce qu'il y avoit loin de
» la galère jusqu'à la terre ferme, voyant
» que par le chemin personne ne lui enta-
» moit propos d'amiable entretien, il regarda
» Septimius au visage, et lui dit : il me sem-
» ble que je te reconnois, compagnon, pour
» avoir autrefois été à la guerre avec moi.
» L'autre lui fit signe de la tête seulement
» qu'il étoit vrai, sans lui faire autre réponse

» ne caresse quelconque : par quoi n'y ayant
» plus personne qui dit mot, il prit en sa main
» un petit livret, dedans lequel il avoit écrit
» une harangue en langage grec, qu'il vou-
» loit faire à Ptolomæus, et se mit à la lire.
» Quand ils vindrent à approcher de la terre,
» Cornelia avec ses domestiques et familiers
» amis, se leva sur ses pieds, regardant en
» grande détresse quelle seroit l'issue.

» Si lui sembla qu'elle devoit bien espérer,
» quand elle aperçut plusieurs des gens du roi,
» qui se présentèrent à la descente comme pour
» le recueillir et l'honorer : mais sur ce point,
» ainsi comme il prenoit la main de son afran-
» chi Philippus pour se lever plus à son aise ;
» Septimius vint le premier par derrière qui
» lui passa son épée à travers le corps,
» après lequel Salvius et Achillas dégaînèrent
» aussi leurs épées, et adonc Pompeius tira
» sa robe à deux mains au-devant de sa face,
» sans dire ni faire aucune chose indigne de
» lui, et endura vertueusement les coups
» qu'ils lui donnèrent, en soupirant un peu
» seulement, étant âgé de cinquante-neuf
» ans, et ayant achevé sa vie, le jour en-
» suivant celui de sa nativité. Ceux qui étoient

» dedans les vaisseaux à la rade, quand ils
» aperçurent ce meurtre, jettèrent une si
» grande clameur, qu'on l'entendit jusques à
» la côte, et levans en diligence les anchres
» se mirent à la voile pour s'enfuir, à quoi
» leur servit le vent qui se leva incontinent frais
» aussitôt qu'ils eurent gagné la haute mer,
» de manière que les Egyptiens qui s'appa-
» reilloient pour voguer après eux, quand
» ils virent cela, s'en déportèrent, et ayans
» coupé la tête en jettèrent le tronc du corps
» hors de la barque, exposé à qui eut envie
» de voir un si misérable spectacle. Philippus
» son afranchi demoura toujours auprès,
» jusques à ce que les Egyptiens furent assou-
» vis de le regarder, et puis l'ayant lavé de
» l'eau de la mer, et enveloppé d'une siene
» pauvre chemise, pour ce qu'il n'avoit
» autre chose, il chercha au long de la
» grève, où il trouva quelque demourant d'un
» vieil bateau de pêcheur, dont les pieces
» étoient bien vieilles, mais suffisantes pour
» brûler un pauvre corps nud, et encore non
» tout entier. Ainsi comme il les amassoit et
» assembloit, il survint un Romain homme
» d'âge, qui en ses jeunes ans avoit été à la

» guerre sous Pompeius : si lui demanda, Qui
» es tu, mon ami, qui fais cet apprêt pour les
» funérailles du grand Pompeius? Philippus
» répondit qu'il étoit un sien afranchi. Hà,
» dit le Romain, tu n'auras pas tout seul cet
» honneur, et te prie, veuille-moi recevoir
» pour compagnon en une si sainte et si dé-
» vote rencontre, afin que je n'aie point oc-
» casion de me plaindre en tout et par tout
» de m'être habitué en pays étranger, ayant,
» en recompense de plusieurs maux que j'y ai
» endurés, rencontré au moins cette bonne
» avanture de pouvoir toucher avec mes
» mains, et aider à ensevelir le plus grand
» capitaine des Romains. Voila comment
» Pompeius fut ensépulturé. Le lendemain
» Lucius Lentulus ne sachant rien de ce qui
» étoit passé, ains venant de Cypre, alloit
» cinglant au long du rivage, et aperçut
» un feu de funérailles, et Philippus auprès,
» lequel il ne reconnut pas du premier coup :
» si lui demanda, Qui est celui qui ayant ici
» achevé le cours de sa destinée, repose en
» ce lieu? mais soudain jettant un grand
» soupir, il ajouta : helas ! à l'avanture
» est-ce toi, grand Pompeius : puis des-

» cendit à terre là où tantot après il fut pris
» et tué.

» Telle fut la fin du grand Pompée : il
» ne passa gueres de temps après que Cæsar
» n'arrivât en Egypte ainsi troublée et éton-
» née, là où lui fut la tête de Pompeius pré-
» sentée ; mais il tourna sa face arriere pour
» ne la point voir, et ayant en horreur celui
» qui la lui présentoit comme un meurtrier
» excommunié, se prit à plorer : bien prit-il
» l'aneau duquel il cachetoit ses lettres, qui
» lui fut aussi presenté, et où il y avoit engravé
» en la pierre un lion tenant une épée ; mais
» il fit mourir Achillas et Pothinus : et leur
» roi même Ptolomæus ayant été défait dans
» une bataille au long de la riviere du Nil,
» disparut, de maniere qu'on ne seut onques
» puis qu'il étoit devenu. Quant au rhéto-
» ricien Theodotus, il échappa la punition
» de Cæsar : car il s'enfuit de bonne-heure,
» et s'en alla errant çà et là par le pays d'E-
» gypte, étant misérable et haï de tout le
» monde. Mais depuis Marcus Brutus après
» avoir occis Cæsar, se trouvant le plus fort
» en Asie, le rencontra par cas d'avanture,
» et après lui avoir fait endurer tous les

» tourmens dont il se pût aviser, le fit fina-
» lement mourir. Les cendres du corps de
» de Pompeius furent depuis rapportées à
» sa femme Cornelia, laquelle les posa en
» une sienne terre qu'il avoit près la ville
» d'Alba. »

Le 19 à midi, après avoir été deux jours sans voir la terre, nous aperçûmes un promontoire assez élevé, appelé le cap Brûlos, et formant la pointe la plus septentrionale du Delta. J'ai déjà remarqué, au sujet du Granique, que l'illusion des noms est une chose prodigieuse : le cap Brûlos ne me présentoit qu'un petit monceau de sable, mais c'étoit l'extrémité de ce quatrième continent, le seul qui me restât à connoître ; c'étoit un coin de cette Egypte, berceau des sciences, mère des religions et des lois : je n'en pouvois détacher les yeux.

Le soir même, nous eûmes, comme disent les marins, connoissance de quelques palmiers qui se montroient dans le sud-ouest, et qui paroissoient sortir de la mer ; on ne voyoit point le sol qui les portoit. Au sud, on remarquoit une masse noirâtre et confuse, accompagnée de quelques arbres isolés :

c'étoient les ruines d'un village, triste enseigne des destinées de l'Egypte.

Le 20, à cinq heures du matin, j'aperçus sur la surface, verte et ridée, de la mer, une barre d'écume, et de l'autre côté de cette barre, une eau pâle et tranquille. Le capitaine vint me frapper sur l'épaule et me dit, en langue franque, « *Nilo!* » Bientôt après nous entrâmes et nous courûmes dans ces eaux fameuses, dont je voulus boire et que je trouvai salées. Des palmiers et un minaret nous annoncèrent l'emplacement de Rosette; mais le plan, même de la terre, étoit toujours invisible. Ces plages ressembloient aux lagunes des Florides: l'aspect en étoit tout différent de celui des côtes de la Grèce et de la Syrie, et rappeloit assez bien l'effet d'un horizon sous les tropiques.

A dix heures nous découvrîmes enfin, au-dessous de la cime des palmiers, une ligne de sable qui se prolongeoit à l'ouest jusqu'au promontoire d'Aboukir, devant lequel il nous falloit passer pour arriver à Alexandrie. Nous nous trouvions alors en face même de l'embouchure du Nil, à Rosette, et nous allions traverser le Bogâz.

L'eau du fleuve étoit dans cet endroit d'un rouge tirant sur le violet, de la couleur d'une bruyère en automne : le Nil, dont la crue étoit finie, commençoit à baisser depuis quelque temps. Une vingtaine de gerbes, ou bateaux d'Alexandrie, se tenoient à l'ancre dans le Bogâz, attendant un vent favorable pour franchir la barre, et remonter à Rosette.

En cinglant toujours à l'ouest, nous parvînmes à l'extrémité du dégorgement de cette immense écluse. La ligne des eaux du fleuve et celle des eaux de la mer ne se confondoient point ; elles étoient distinctes, séparées ; elles écumoient en se rencontrant, et sembloient se servir mutuellement de rivages. (1)

A cinq heures du soir, la côte que nous avions toujours à notre gauche, changea d'aspect. Les palmiers paroissoient alignés sur la rive, comme ces avenues dont les châteaux de France sont décorés : la nature se plaît ainsi à rappeler les idées de la civilisation,

---

(1) Voyez, pour la description de l'Egypte, tout le onzième livre des Martyrs, troisième édition.

dans le pays où cette civilisation prit naissance et où règne aujourd'hui l'ignorance et la misère. Après avoir doublé la pointe d'Aboukir, nous fûmes, peu à peu, abandonnés du vent, et nous ne pûmes entrer que de nuit dans le port d'Alexandrie. Il étoit onze heures du soir, quand nous jetâmes l'ancre dans le port marchand, au milieu des vaisseaux mouillés devant la ville. Je ne voulus point descendre à terre, et j'attendis le jour sur le pont de notre saïque.

J'eus tout le temps de me livrer à mes réflexions. J'entrevoyois à ma droite des vaisseaux, et le château qui remplace la tour du Phare ; à ma gauche, l'horizon me sembloit borné par des collines, des ruines et des obélisques que je distinguois à peine au travers des ombres ; devant moi s'étendoit une ligne noire de murailles et de maisons confuses: on ne voyoit à terre qu'une seule lumière, et l'on n'entendoit aucun bruit. C'étoit là pourtant cette Alexandrie rivale de Memphis et de Thèbes, qui compta trois millions d'habitans, qui fut le sanctuaire des Muses, et que les bruyantes orgies d'Antoine et de Cléopâtre faisoient retentir dans les ténèbres.

Mais en vain je prêtois l'oreille ; un talisman fatal plongeoit dans le silence le peuple de la nouvelle Alexandrie ; ce talisman c'est le despotisme qui éteint toute joie et qui ne permet pas même un cri à la douleur. Eh ! quel bruit pourroit-il s'élever d'une ville dont un tiers au moins est abandonné, dont l'autre tiers est consacré aux sépulcres, et dont le tiers animé au milieu de ces deux extrémités mortes, est une espèce de tronc palpitant qui n'a pas même la force de secouer des chaînes entre des ruines et des tombeaux ?

Le 20, à huit heures du matin, la chaloupe de la saïque me porta à terre, et je me fis conduire chez M. Drovetti, consul de France à Alexandrie. Jusqu'à présent j'ai parlé de nos consuls dans le Levant avec la reconnoissance que je leur dois ; ici j'irai plus loin, et je dirai que j'ai contracté avec M. Drovetti une liaison qui est devenue une véritable amitié. M. Drovetti, militaire distingué et né dans la belle Italie, me reçut avec cette simplicité qui distingue le soldat, et cette chaleur qui tient à l'influence d'un heureux soleil. Je ne sais si dans le désert où il habite, cet écrit lui tombera entre les mains; je le desire, afin qu'il apprenne que le temps n'affoiblit point chez moi les sentimens; que je n'ai point oublié l'attendrissement qu'il me montra, lorsqu'il me dit adieu au rivage; attendrissement bien noble, quand on en essuie comme lui les marques avec une main mutilée au service de son pays. Je n'ai ni crédit, ni protecteurs, ni fortune, mais si j'en avois, je ne les emploierois pour personne avec plus de plaisir que pour M. Drovetti.

On ne s'attend point sans doute à me voir décrire l'Egypte: j'ai parlé avec quelque étendue des ruines d'Athènes, parce qu'après tout, elles ne sont bien connues que des amateurs des arts; je me suis livré à de grands détails sur Jérusalem, parce que Jérusalem étoit l'objet principal de mon voyage; mais que dirois-je de l'Egypte? Qui ne l'a point vue aujourd'hui? Le Voyage de M. de Volney en Egypte est un véritable chef-d'œuvre, dans tout ce qui n'est pas érudition: l'érudition a été épuisée par Sicard, Norden, Pococke, Shaw, Niebhur et quelques autres; les Dessins de M. Denon et les Grands Tableaux de l'Institut d'Egypte ont transporté sous nos yeux les monumens de Thèbes et de Memphis; enfin, j'ai moi-même dit ailleurs tout ce que j'avois à dire sur l'Egypte. Le livre des Martyrs où j'ai parlé de cette vieille terre, est plus complet touchant l'antiquité, que les autres livres du même ouvrage. Je me bornerai donc à suivre sans m'arrêter les simples dates de mon Journal.

M. Drovetti me donna un logement dans la maison du consulat, bâtie presqu'au bord de la mer sur le port marchand. Puisque j'étois en Egypte, je ne pouvois pas en sortir sans avoir au moins vu le Nil et les Pyramides. Je priai M. Drovetti de me noliser un bâtiment autrichien pour Tunis, tandis que j'irois contempler le prodige d'un tombeau. Je trouvai à Alexandrie deux Français très-distingués, attachés à la légation de M. de Lesseps qui devoit, je crois, prendre alors le consulat général de l'Egypte, et qui, si je ne me trompe, est resté depuis à Livourne : leur intention étant aussi d'aller au Caire, nous arrêtâmes une gerbe où nous nous embarquâmes le 23 pour Rosette. M. Drovetti garda Julien qui avoit la fièvre, et me donna un janissaire : je renvoyai Jean à Constantinople, sur un vaisseau grec qui se préparoit à faire voile.

Nous partîmes le soir d'Alexandrie, et nous arrivâmes dans la nuit au Bogâz de Rosette. Nous traversâmes la barre sans accident. Au lever du jour nous nous trouvâmes à l'entrée du fleuve : nous abordâmes le cap, à notre droite. Le Nil étoit dans toute sa beauté : il couloit à plein bord, sans couvrir ses rives ; il laissoit voir, le long de son cours, des plaines verdoyantes de riz, plantées de palmiers isolés qui représentoient des colonnes et des portiques. Nous nous rembarquâmes et nous touchâmes bientôt à Rosette. Ce fut alors que j'eus une première vue de ce magnifique Delta, où il ne manque qu'un gouvernement libre et un peuple heureux. Mais il n'est point de beaux pays sans l'indépendance ; le ciel le plus serein est odieux si l'on est enchaîné sur la terre. Je ne trouvois digne de ces plaines magnifiques que les souvenirs de la gloire de ma patrie : je voyois les restes des monumens (1) d'une

---

(1) On voit encore en Egypte plusieurs fabriques élevées par ordre de l'Empereur.

civilisation nouvelle, apportée par le Génie de la France sur les bords du Nil; je songeois en même temps que les lances de nos chevaliers et les baïonnettes de nos soldats avoient renvoyé deux fois la lumière d'un si brillant soleil : avec cette différence que les chevaliers, malheureux à la journée de Massoure, furent vengés par les soldats à la bataille des Pyramides. Au reste, quoique je fusse charmé de rencontrer une grande rivière et une fraîche verdure, je ne fus pas très-étonné, car c'étoient absolument là mes fleuves de la Louisiane et mes Savannes américaines : j'aurois desiré retrouver aussi les forêts où je plaçai les premières illusions de ma vie.

M. Saint-Marcel, consul de France à Rosette, nous reçut avec une grande politesse : M. Caffe, négociant français et le plus obligeant des hommes, voulut nous accompagner jusqu'au Caire. Nous fîmes notre marché avec le patron d'une grande barque; il nous loua la chambre d'honneur; et, pour plus de sûreté, nous nous associâmes un chef Albanais. M. de Choiseul a parfaitement représenté ces soldats d'Alexandre.

« Ces fiers Albanais seroient encore des
» héros, s'ils avoient un Scanderberg à leur
» tête; mais ils ne sont plus que des brigands
» dont l'extérieur annonce la férocité. Ils
» sont tous grands, lestes et nerveux ; leur
» vêtement consiste en des culottes fort am-
» ples, un petit jupon, un gilet garni de
» plaques, de chaînes et de plusieurs rangs
» de grosses olives d'argent; ils portent des
» brodequins attachés avec des courroies
» qui montent quelquefois jusqu'aux genoux,
» pour tenir sur les mollets, des plaques
» qui en prennent la forme, et les pré-
» servent du frottement du cheval. Leurs
» manteaux galonnés et tailladés de plu-
» sieurs couleurs, achèvent de rendre cet
» habillement très-pittoresque ; ils n'ont
» d'autre coiffure qu'une calotte de drage
» rouge, encore la quittent-ils en courant
» au combat. » (1)

Les deux jours que nous passâmes à Rosette, furent employés à visiter cette jolie
ville arabe, ses jardins et sa forêt de pal-

_____

(1) Voyage de la Grèce. Le fond du vêtement
des Albanais est blanc, et les galons sont rouges.

miers. Savary a un peu exagéré les agrémens de ce lieu; cependant il n'a pas menti autant qu'on l'a voulu faire croire. Le pathos de ses descriptions a nui à son autorité comme voyageur; mais c'est justice de dire que la vérité manque plus à son style qu'à son récit.

Le 26 à midi, nous entrâmes dans notre barque où il y avoit un grand nombre de passagers Turcs et Arabes. Nous nous mîmes au large et nous commençâmes à remonter le Nil. Sur notre gauche, un marais verdoyant s'étendoit à perte de vue; à notre droite, une lisière cultivée bordoit le fleuve, et par de là cette lisière, on voyoit le sable du désert. Des palmiers clair-semés indiquoient, çà et là, des villages, comme les arbres plantés autour des cabanes dans les plaines de la Flandre. Les maisons de ces villages sont faites de terre, et élevées sur des monticules artificiels; précaution inutile, puisque souvent il n'y a personne, dans ces maisons, à sauver de l'inondation du Nil. Une partie du Delta est en friche, des milliers de Fellahs ont été massacrés par les Albanais, le reste a passé dans la Haute-Egypte.

Contrariés par le vent et par la rapidité

du courant, nous employâmes sept mortelles journées à remonter de Rosette au Caire. Tantôt nos matelots nous tiroient à la cordelle; tantôt nous marchions à l'aide d'une brise du nord qui ne souffloit qu'un moment. Nous nous arrêtions souvent pour prendre à bord des Albanais : il nous en arriva quatre dès le second jour de notre navigation, qui s'emparèrent de notre chambre. Il fallut supporter leur brutalité et leur insolence. Au moindre bruit, ils montoient sur le pont, prenoient leurs fusils, et comme des insensés, avoient l'air de vouloir faire la guerre à des ennemis absens. Je les ai vus coucher en joue des enfans qui couroient sur la rive en demandant l'aumône; ces petits infortunés s'alloient cacher derrière les ruines de leurs cabanes, comme accoutumés à ces terribles jeux. Pendant ce temps-là nos marchands turcs descendoient à terre, s'asseyoient tranquillement sur leurs talons, tournoient le visage vers la Mecque, et faisoient, au milieu des champs, des espèces de culbutes religieuses. Nos Albanais, moitié Musulmans, moitié Chrétiens, crioient « Mahomet! » et « Vierge Marie! », tiroient un chapelet de leurs poches, prononçoient en français des mots obscènes, avaloient de grandes cruches de vin, lâchoient des coups de fusil en l'air, et marchoient sur le ventre des Chrétiens et des Musulmans.

Est-il donc possible que les lois puissent mettre autant de différence entre des hommes? Quoi, ces hordes de brigands Albanais, ces stupides Musulmans, ces Fellahs si cruellement opprimés, habitent les mêmes lieux où vécut un peuple si industrieux, si paisible, si sage; un peuple dont Hérodote et surtout Diodore, se sont plus à nous peindre les coutumes et les mœurs! Y a-t-il, dans aucun poëme, un plus beau tableau que celui-ci?

« Dans les premiers temps les rois ne se
» conduisoient point en Egypte, comme
» chez les autres peuples, où ils font tout ce
» qu'ils veulent sans être obligés de suivre
» aucune règle, ni de prendre aucun conseil.
» Tout leur étoit prescrit par les lois, non-
» seulement à l'égard de l'administration du
» royaume, mais encore par rapport à leur
» conduite particulière. Ils ne pouvoient
» point se faire servir par des esclaves achetés

» ou même nés dans leur maison; mais on
» leur donnoit les enfans des principaux
» d'entre les prêtres, toujours au-dessus de
» vingt ans, et les mieux élevés de la nation;
» afin que le roi, voyant jour et nuit autour
» de sa personne la jeunesse la plus considé-
» rable de l'Egypte, ne fît rien de bas et qui
» fût indigne de son rang. En effet les princes
» ne se jettent si aisément dans toutes sortes
» de vices, que parce qu'ils trouvent des
» ministres toujours prêts à servir leurs pas-
» sions. Il y avoit surtout des heures du jour
» et de la nuit, où le roi ne pouvoit disposer
» de lui, et étoit obligé de remplir les devoirs
» marqués par les lois. Au point du jour il
» devoit lire les lettres qui lui étoient adres-
» sées de tous côtés, afin qu'instruit par lui-
» même des besoins de son royaume, il pût
» pourvoir à tout et remédier à tout. Après
» avoir pris le bain, il se revêtoit d'une robe
» précieuse et des autres marques de la
» royauté, pour aller sacrifier aux dieux.
» Quand les victimes avoient été amenées à
» l'autel, le grand-prêtre debout et en pré-
» sence de tout le peuple, demandoit aux
» dieux à haute voix qu'ils conservassent le

» roi, et répandissent sur lui toute sorte de
» prospérité, parce qu'il gouvernoit ses
» sujets avec justice. Il inséroit ensuite dans
» sa prière un dénombrement de toutes les
» vertus propres à un roi en continuant
» ainsi : Parce qu'il est maître de lui-même,
» magnanime, bienfaisant, doux envers les
» autres, ennemi du mensonge ; ses punitions
» n'égalent point les fautes, et ses récompenses
» passent les services. Après avoir dit plu-
» sieurs choses semblables, il condamnoit
» les manquemens où le roi étoit tombé par
» ignorance. Il est vrai qu'il en disculpoit le
» roi même ; mais il chargeoit d'exécrations les
» flatteurs et tous ceux qui lui donnoient de
» mauvais conseils. Le grand-prêtre en usoit
» de cette manière, parce que les avis mêlés
» de louanges, sont plus efficaces que les
» remontrances amères, pour porter les rois
» à la crainte des dieux et à l'amour de la
» vertu. En suite de cela, le roi ayant sacrifié
» et consulté les entrailles de la victime, le
» lecteur des livres sacrés lui lisoit quelques
» actions, ou quelques paroles remarquables
» des grands hommes ; afin que le souverain
» de la république ayant l'esprit plein d'ex-

» cellens principes, en fît usage dans les
» occasions qui se présenteroient à lui. »

C'est bien dommage que l'illustre archevêque de Cambrai, au lieu de peindre une Egypte imaginaire, n'ait pas emprunté ce tableau, en lui donnant les couleurs que son heureux génie auroit su y répandre. Faydit a raison sur ce seul point, si l'on peut avoir raison, quand on manque absolument de décence, de bonne foi et de goût. Mais il auroit toujours fallu que Fénélon conservât, à tout prix, le fond des aventures, par lui inventées, et racontées dans le style le plus antique : l'épisode de Termosiris *vaut seul un long poëme.*

« Je m'enfonçai dans une sombre fôret,
» où j'aperçus, tout-à-coup, un vieillard
» qui tenoit un livre dans sa main. Ce vieil-
» lard avoit un grand front chauve et un
» peu ridé : une barbe blanche pendoit jus-
» qu'à sa ceinture ; sa taille étoit haute et
» majestueuse ; son teint étoit encore frais et
» vermeil ; ses yeux étoient vifs et perçans,
» sa voix douce, ses paroles simples et
» aimables. Jamais je n'ai vu un si véné-
» rable vieillard. Il s'appeloit Termosiris... »

Nous passâmes par le canal de Ménouf, ce qui m'empêcha de voir le beau bois de palmiers qui se trouve sur la grande branche de l'ouest ; mais les Arabes infestoient alors le bord occidental de cette branche, qui touche au désert Libyque. En sortant du canal de Ménouf, et continuant de remonter le fleuve, nous aperçûmes, à notre gauche, la crête du mont Moqattam, et à notre droite les hautes dunes de sable de la Libye. Bientôt, dans l'espace vide que laissoit l'écartement de ces deux chaînes de montagnes, nous découvrîmes le sommet des Pyramides : nous en étions à plus de dix lieues. Pendant le reste de notre navigation, qui dura encore près de huit heures, je demeurai sur le pont à contempler ces tombeaux ; ils paroissoient s'agrandir et monter dans le ciel à mesure que nous en approchions. Le Nil qui étoit alors comme une petite mer ; le mélange des sables du désert et de la plus fraîche verdure ; les palmiers, les sycomores, les dômes, les mosquées et les minarets du Caire ; les pyramides lointaines de Sacarah, d'où le fleuve sembloit sortir comme de ses immenses réservoirs ;

tout cela formoit un tableau qui n'a point son égal sur la terre. « Mais quelque effort » que fassent les hommes, dit Bossuet, » leur néant paroît partout. Ces pyramides » étoient des tombeaux ; encore les rois qui » les ont bâties n'ont-ils pas eu le pouvoir » d'y être inhumés, et ils n'ont pas joui de » leur sépulcre. »

J'avoue pourtant qu'au premier aspect des Pyramides, je n'ai senti que de l'admiration. Je sais que la philosophie peut gémir ou sourire, en songeant que le plus grand monument, sorti de la main des hommes, est un tombeau ; mais pourquoi ne voir dans la pyramide de Chéops, qu'un amas de pierres et un squelette ? Ce n'est point par le sentiment de son néant que l'homme a élevé un tel sépulcre, c'est par l'instinct de son immortalité : ce sépulcre n'est point la borne qui annonce la fin d'une carrière d'un jour, c'est la borne qui marque l'entrée d'une vie sans terme ; c'est une espèce de porte éternelle, bâtie sur les confins de l'éternité. « Tous ces peuples (d'Égypte), » dit Diodore de Sicile, regardant la durée » de la vie comme un temps très-court

» et de peu d'importance, font, au con-
» traire, beaucoup d'attention à la longue
» mémoire que la vertu laisse après elle :
» c'est pourquoi ils appellent les maisons des
» vivans des hôtelleries par lesquelles on ne
» fait que passer; mais ils donnent le nom de
» demeures éternelles aux tombeaux des
» morts d'où l'on ne sort plus. Ainsi les rois
» ont été comme indifférens sur la construc-
» tion de leurs palais, et ils se sont épuisés dans
» la construction de leurs tombeaux. »

On voudroit aujourd'hui que tous les monumens eussent une utilité physique, et l'on ne songe pas qu'il y a pour les peuples une utilité morale d'un ordre fort supérieur, vers laquelle tendoient les législations de l'antiquité. La vue d'un tombeau n'apprend-elle donc rien ? Si elle enseigne quelque chose, pourquoi se plaindre qu'un roi ait voulu rendre la leçon perpétuelle ? Les grands monumens font une partie essentielle de la gloire de toute société humaine. A moins de soutenir qu'il est égal pour une nation de laisser ou de ne pas laisser un nom dans l'histoire, on ne peut condamner ces édifices qui portent la mémoire d'un peuple au-delà de sa propre existence, et le font vivre contemporain des générations qui viennent s'établir dans ses champs abandonnés. Qu'importe alors que ces édifices aient été des amphithéâtres ou des sépulcres ? Tout est tombeau chez un peuple qui n'est plus. Quand l'homme a passé, les monumens de sa vie sont encore plus vains que ceux de sa mort : son mausolée est au moins utile à ses cendres ; mais ses palais gardent-ils quelque chose de ses plaisirs ?

Sans doute, à le prendre à la rigueur, une petite fosse suffit à tous, et six pieds de terre, comme le disoit Mathieu Molé, feront toujours raison du plus grand homme du monde ; Dieu peut être adoré sous un arbre, comme sous le dôme de Saint-Pierre ; on peut vivre dans une chaumière comme au Louvre : le vice de ce raisonnement est de transporter un ordre de choses dans un autre. D'ailleurs un peuple n'est pas plus heureux quand il vit ignorant des arts, que quand il laisse des témoins éclatans de son génie. On ne croit plus à ces sociétés de bergers qui passent leurs jours dans l'innocence, en promenant leur doux loisir au fond des forêts. On sait que ces honnêtes bergers se font la guerre entre eux pour manger les moutons de leurs voisins. Leurs grottes ne sont ni tapissées de vignes, ni embaumées du parfum des fleurs; on y est étouffé par la fumée, et suffoqué par l'odeur des laitages. En poésie et en philosophie, un petit peuple à demi barbare peut goûter tous les biens; mais l'impitoyable histoire le soumet aux calamités du reste des hommes. Ceux qui crient tant contre la gloire ne seroient-ils pas un peu amoureux de la renommée? Pour moi, loin de regarder comme un insensé le roi qui fit bâtir la grande Pyramide, je le tiens au contraire pour un monarque d'un esprit magnanime. L'idée de vaincre le temps par un tombeau, de forcer les générations, les mœurs, les lois, les âges à se briser au pied d'un cercueil, ne sauroit être sortie d'une ame vulgaire. Si c'est là de l'orgueil, c'est du moins un grand orgueil. Une vanité comme celle de la grande Pyramide qui dure depuis trois ou quatre mille ans, pourroit bien à la longue se faire compter pour quelque chose.

Au reste ces Pyramides me rappelèrent des monumens moins pompeux, mais qui toutefois étoient aussi des sépulcres; je veux parler de ces édifices de gazon qui couvrent les cendres des Indiens au bord de l'Ohio. Lorsque je les visitai, j'étois dans une situation d'ame bien différente de celle où je me trouvois en contemplant les mausolées des Pharaons: je commençois alors le voyage, et maintenant je le finis. Le monde, à ces deux époques de ma vie, s'est présenté à moi précisément sous l'image des deux déserts où j'ai vu ces deux espèces de tombeaux : des solitudes riantes; des sables arides.

Nous abordâmes à Boulacq, et nous louâmes des chevaux et des ânes pour le Caire. Cette ville que dominent l'ancien château de Babylone et le mont Moqattam, présente un aspect assez pittoresque à cause de la multitude des palmiers, des sycomores et des minarets qui s'élèvent de son enceinte. Nous y entrâmes par des voiries et par un faubourg détruit, au milieu des vautours qui dévoroient leur proie. Nous descendîmes à la contrée des Francs, espèce de cul-de-sac, dont on ferme l'entrée tous les soirs, comme les cloîtres extérieurs d'un couvent. Nous fûmes reçus par Monsieur ..... (1), à

---

(1) Par la plus grande fatalité, le nom de mon

qui M. Drovetti avoit confié le soin des affaires des Français au Caire. Il nous prit sous sa protection, et envoya prévenir le pacha de notre arrivée : il fit en même temps avertir les cinq mamelucks français, afin qu'ils nous accompagnassent dans nos courses.

Ces mamelucks étoient attachés au service du pacha. Les grandes armées laissent toujours après elles quelques traîneurs : la nôtre perdit ainsi deux ou trois cents soldats qui restèrent éparpillés en Egypte. Ils prirent parti sous différens beys, et furent bientôt renommés par leur bravoure. Tout le monde convenoit que si ces déserteurs, au lieu de se diviser entr'eux, s'étoient réunis et avoient nommé un bey français, il se seroient rendus maîtres du pays. Malheureusement ils manquèrent de chef, et périrent presque tous à la solde des maîtres qu'ils avoient choisis. Lors-

---

hôte, au Caire, s'est effacé sur mon journal, et je crains de ne l'avoir par retenu correctement, ce qui fait que je n'ose l'écrire. Je ne me pardonnerois pas un pareil malheur, si ma mémoire étoit infidèle aux services, à l'obligeance et à la politesse de mon hôte, comme à son nom.

que j'étois au Caire, Mahamed-Ali-Pacha pleuroit encore la mort d'un de ces braves. Ce soldat, d'abord petit tambour dans un de nos régimens, étoit tombé entre les mains des Turcs par les chances de la guerre : devenu homme, il se trouva enrôlé dans les troupes du pacha. Mahamed, qui ne le connoissoit point encore, le voyant charger un gros d'ennemis, s'écria : « Quel est cet homme ? Ce ne » peut être qu'un Français ? » Et c'étoit en effet un Français. Depuis ce moment il devint le favori de son maître, et il n'étoit bruit que de sa valeur. Il fut tué peu de temps avant mon arrivée en Egypte, dans une affaire où les cinq autres mamelucks perdirent leurs chevaux.

Ceux-ci étoient Gascons, Languedociens et Picards ; leur chef s'avouoit le fils d'un cordonnier de Toulouse. Le second en autorité, après lui, servoit d'interprète à ses camarades. Il savoit assez bien le turc et l'arabe, et disoit toujours en français, *j'étions, j'allions, je faisions*. Un troisième, grand jeune homme, maigre et pâle, avoit vécu longtemps dans le désert avec les Bédouins, et il regrettoit singulièrement cette vie. Il me contoit que quand il se trouvoit seul dans les sables, sur un chameau, il lui prenoit des transports de joie dont il n'étoit pas le maître. Le pacha faisoit un tel cas de ces cinq mamelucks, qu'il les préféroit au reste de ses spahis. Eux seuls retraçoient et surpassoient l'intrépidité de ces terribles cavaliers, détruits par l'Empereur, à la journée des Pyramides. Nous sommes dans le siècle des merveilles; chaque Français semble être appelé, aujourd'hui, à jouer un rôle extraordinaire: cinq soldats tirés des derniers rangs de notre armée, se trouvoient, en 1806, à peu près les maîtres au Caire. Rien n'étoit amusant et singulier, comme de voir Abdallah de Toulouse, prendre les cordons de son caftan, en donner par le visage des Arabes et des Albanais qui l'importunoient, et nous ouvrir ainsi un large chemin dans les rues les plus populeuses. Au reste, ces rois par l'exil, avoient adopté, à l'exemple d'Alexandre, les mœurs des peuples conquis; ils portoient de longues robes de soie, de beaux turbans blancs, de superbes armes; ils avoient un harem, des esclaves, des chevaux de première race; toute chose que leurs pères n'ont point en Gascogne et en

Picardie. Mais au milieu des nattes, des tapis, des divans que je vis dans leur maison, je remarquai une dépouille de la patrie: c'étoit un uniforme hâché de coups de sabre, qui couvroit le pied d'un lit fait à la française. Abdallah réservoit, peut-être, ces honorables lambeaux pour la fin du songe, comme le berger devenu ministre :

> Le coffre étant ouvert, on y vit des lambeaux,
> L'habit d'un gardeur de troupeaux,
> Petit chapeau, jupon, panetière, houlette,
> Et, je pense, aussi sa musette.

Le lendemain de notre arrivée au Caire, 1er novembre, nous montâmes au château, afin d'examiner le puits de Joseph, la mosquée, etc. Le fils du pacha habitoit alors ce château. Nous présentâmes nos hommages à Son Excellence, qui pouvoit avoir quatorze ou quinze ans. Nous la trouvâmes assise sur un tapis, dans un cabinet délabré et entourée d'une douzaine de complaisans qui s'empressoient d'obéir à ses caprices. Je n'ai jamais vu un spectacle plus hideux. Le père de cet enfant étoit à peine maître du Caire, et ne possédoit ni la Haute ni la Basse Egypte. C'étoit dans cet état de choses, que douze misérables sauvages nourrissoient des plus lâches flatteries, un jeune Barbare enfermé pour sa sûreté dans un donjon. Et voilà le maître que les Egyptiens attendoient après tant de malheurs!

On dégradoit donc, dans un coin de ce château, l'ame d'un enfant qui devoit conduire des hommes ; dans un autre coin on frappoit une monnoie du plus bas aloi. Et afin que les habitans du Caire reçussent, sans murmurer, l'or altéré et le chef corrompu qu'on leur préparoit, les canons étoient pointés sur la ville.

J'aimai mieux porter ma vue au-dehors et admirer, du haut du château, le vaste tableau que présentoient au loin, le Nil, les campagnes, le désert et les Pyramides. Nous avions l'air de toucher à ces dernières, quoique nous en fussions éloignés de quatre lieues. A l'œil nu, je voyois parfaitement, les assises des pierres, et la tête du sphinx qui sortoit du sable ; avec une lunette, je comptois les gradins des angles de la grande Pyramide, et je distinguois les yeux, la bouche et les oreilles du sphinx : tant ces masses sont prodigieuses.

Memphis avoit existé dans les plaines qui s'étendent de l'autre côté du Nil, jusqu'au désert où s'élèvent les Pyramides.

« Ces plaines heureuses qu'on dit être le
» séjour des justes morts, ne sont, à la lettre,
» que les belles campagnes qui sont aux
» environs du lac Achéruse, auprès de Mem-
» phis, et qui sont partagées par des champs
» et par des étangs couverts de blé ou de
» lotos. Ce n'est pas sans fondement qu'on a
» dit que les morts habitent là ; car c'est là
» qu'on termine les funérailles de la plupart
» des Egyptiens, lorsqu'après avoir fait tra-
» verser le Nil et le lac d'Achéruse à leurs
» corps, on les dépose enfin dans des tombes
» qui sont arrangées sous terre en cette
» campagne. Les cérémonies qui se prati-
» quent encore aujourd'hui dans l'Egypte,
» conviennent à tout ce que les Grecs disent
» de l'enfer ; comme à la barque qui trans-
» porte les corps ; à la pièce de monnoie
» qu'il faut donner au nocher, nommé Charon
» en langue égyptienne ; au temple de la
» ténébreuse Hécate, placé à l'entrée de
» l'enfer ; aux portes du Cocyte et du Léthé,
» posées sur des gonds d'airain ; à d'autres

» portes, qui sont celles de la Vérité et de
» la Justice qui est sans tête. » (1)

Le 2 nous allâmes à Djizé et à l'île de Roda. Nous examinâmes le Nilo-mètre, au milieu des ruines de la maison de Mourad-Bey. Nous nous étions ainsi beaucoup rapprochés des Pyramides. A cette distance, elles paroissoient d'une hauteur démesurée : comme on les apercevoit à travers la verdure des rizières, le cours du fleuve, la cime des palmiers et des sycomores, elles avoient l'air de fabriques colossales bâties dans un magnifique jardin. La lumière du soleil, d'une douceur admirable, coloroit la chaîne aride du Moqattam, les sables libyques, l'horizon de Sacarah, et la plaine des Tombeaux. Un vent frais chassoit de petits nuages blancs vers la Nubie, et ridoit la vaste nappe des flots du Nil. L'Egypte m'a paru le plus beau pays de la terre : j'aime jusqu'aux déserts qui la bordent, et qui ouvrent à l'imagination les champs de l'immensité.

Nous vîmes, en revenant de notre course, la mosquée abandonnée dont j'ai parlé au

---

(1) Diod. Traduct. de Terrass.

sujet de l'El-Sahcra de Jérusalem, et qui me paroît être l'original de la cathédrale de Cordoue.

Je passai cinq autres jours au Caire, dans l'espoir de visiter les sépulcres des Pharaons; mais cela fut impossible. Par une singulière fatalité, l'eau du Nil n'étoit pas encore assez retirée pour aller à cheval aux Pyramides, ni assez haute pour s'en approcher en bateau. Nous envoyâmes sonder les gués, et examiner la campagne : tous les Arabes s'accordèrent à dire qu'il falloit attendre encore trois semaines ou un mois avant de tenter le voyage. Un pareil délai m'auroit exposé à passer l'hiver en Egypte (car les vents de l'ouest alloient commencer); or, cela ne convenoit ni à mes affaires, ni à ma fortune. Je ne m'étois déjà que trop arrêté sur ma route, et je m'exposai à ne revoir jamais la France, pour avoir voulu remonter au Caire. Il fallut donc me résoudre à ma destinée, retourner à Alexandrie, et me contenter d'avoir vu de mes yeux, les Pyramides sans les avoir touchées de mes mains. Je chargeai M. Caffe d'écrire mon nom sur ces grands tombeaux, selon l'usage ; à la première occasion : l'on doit remplir tous les petits devoirs d'un pieux voyageur. N'aime-t-on pas à lire, sur les débris de la statue de Memnon, le nom des Romains qui l'ont entendue soupirer au lever de l'aurore ? Ces Romains furent comme nous *étrangers dans la terre d'Egypte*, et nous passerons comme eux.

Au reste, je me serois très-bien arrangé du séjour du Caire ; c'est la seule ville qui m'ait donné l'idée d'une ville orientale, telle qu'on se la représente ordinairement : aussi figure-t-elle dans les Mille et Une Nuits. Elle conserve encore beaucoup de traces du passage des Français : les femmes s'y montrent avec moins de réserve qu'autrefois ; on est absolument maître d'aller et d'entrer partout où l'on veut ; l'habit européen, loin d'être un objet d'insulte, est un titre de protection. Il y a un jardin assez joli, planté en palmiers avec des allées circulaires, qui sert de promenade publique ; c'est l'ouvrage de nos soldats.

Avant de quitter le Caire, je fis présent à Abdallah d'un fusil de chasse à deux coups, de la manufacture de le Page. Il me promit d'en faire usage à la première occasion. Je me séparai de mon hôte et de mes aimables compagnons de voyage. Je me rendis à Boulacq, où je m'embarquai avec M. Caffe pour Rosette. Nous étions les seuls passagers sur le bateau, et nous appareillâmes le 8 novembre à sept heures du soir.

Nous descendîmes avec le cours du fleuve de Ménouf. Le 10 au matin, en sortant du canal et rentrant dans la grande branche de Rosette, nous aperçûmes le côté occidental du fleuve occupé par un camp d'Arabes. Le courant nous portoit malgré nous de ce côté, et nous obligeoit de serrer la rive. Une sentinelle cachée derrière un vieux mur cria à notre patron d'aborder. Celui-ci répondit qu'il étoit pressé de se rendre à sa destination, et que d'ailleurs il n'étoit point ennemi. Pendant ce colloque nous étions arrivés à portée de pistolet du rivage, et le flot couroit dans cette direction l'espace d'un mille. La sentinelle voyant que nous poursuivions notre route, tira sur nous : cette première balle pensa tuer le pilote qui riposta d'un coup d'escopette. Alors tout le camp accourut, borda la rive, et nous essuyâmes le feu de la ligne. Nous cheminions fort doucement, car nous avions le vent contraire : pour comble de guignon nous échouâmes un moment. Nous étions sans armes; on a vu que j'avois donné mon fusil à Abdallah. Je voulois faire descendre dans la chambre M. Caffe que sa complaisance pour moi exposoit à cette désagréable aventure; mais quoique père de famille et déjà sur l'âge, il s'obstina à rester sur le pont. Je remarquai la singulière prestesse d'un Arabe : il lâchoit son coup de fusil, rechargeoit son arme en courant, tiroit de nouveau, et tout cela sans avoir perdu un pas sur la marche de la barque. Le courant nous porta enfin sur l'autre rive, mais il nous jeta dans un camp d'Albanais révoltés, plus dangereux pour nous que les Arabes, car ils avoient du canon, et un boulet nous pouvoit couler bas. Nous aperçûmes du mouvement à terre; heureusement la nuit survint. Nous n'allumâmes point de feu, et nous fîmes silence. La Providence nous conduisit, sans autre accident, au milieu des partis ennemis, jusqu'à Rosette. Nous y arrivâmes le 11, à dix heures du matin.

J'y passai deux jours avec M. Caffe et M. de Saint-Marcel, et je partis le 13 pour Alexandrie. Je saluai l'Egypte en la quittant par ces beaux vers :

3.

Mère antique des arts et des fables divines,
Toi, dont la gloire assise au milieu des ruines,
Etonne le génie et confond notre orgueil,
Egypte vénérable, où, du fond du cercueil,
Ta grandeur colossale insulte à nos chimères;
C'est ton peuple qui sut, à ces barques légères
Dont rien ne dirigeoit le cours audacieux,
Chercher des guides sûrs dans la voûte des cieux.
Quand le fleuve sacré qui féconde tes rives
T'apportoit en tribut ses ondes fugitives,
Et, sur l'émail des prés égarant les poissons,
Du limon de ses flots nourrissoit tes moissons,
Les hameaux dispersés sur les hauteurs fertiles,
D'un nouvel Océan sembloient former les îles;
Les palmiers ranimés par la fraîcheur des eaux,
Sur l'onde salutaire abaissoient leurs rameaux;
Par les feux du Cancer, Syène poursuivie,
Dans ses sables brûlans sentoit filtrer la vie;
Et des murs de Péluse aux lieux où fut Memphis,
Mille canots flottoient sur la terre d'Isis.
Le foible papyrus, par des tissus fragiles,
Formoit les flancs étroits de ces barques agiles,
Qui, des lieux séparés conservant les rapports,
Réunissoient l'Egypte en parcourant ses bords.
Mais lorsque dans les airs la Vierge triomphante
Ramenoit vers le Nil son onde décroissante,
Quand les troupeaux bêlans et les épis dorés
S'emparoient à leur tour des champs désaltérés,
Alors d'autres vaisseaux, à l'active industrie,
Ouvroient des aquilons l'orageuse patrie.
. . . .
. . . .

Alors, mille cités que décoroient les arts,
L'immense Pyramide, et cent palais épars,

Du Nil enorgueilli couronnoient le rivage.
Dans les sables d'Ammon le porphyre sauvage,
En colonne hardie élancé dans les airs,
De sa pompe étrangère étonnoit les déserts.
. . . .
O grandeur des mortels! O temps impitoyable!
Les destins sont comblés : dans leur course immuable,
Les siècles ont détruit cet éclat passager
Que la superbe Egypte offrit à l'étranger. (1)

J'arrivai le même jour, 13, à Alexandrie, à sept heures du soir.

M. Drovetti m'avoit nolisé un bâtiment autrichien pour Tunis. Ce bâtiment, du port de cent vingt tonneaux, étoit commandé par un Ragusois ; le second capitaine s'appeloit François Dinelli, jeune Vénitien très-expérimenté dans son art. Les préparatifs du voyage, et les tempêtes nous retinrent au port pendant dix jours. J'employai ces dix jours à voir et à revoir Alexandrie.

J'ai cité, dans une note des Martyrs, un long passage de Strabon, qui donne les détails les plus satisfaisans sur l'ancienne Alexandrie ; la nouvelle n'est pas moins connue, grâce à M. de Volney : ce voyageur en a

---

(1) La Navigation, par M. Esménard.

tracé le tableau le plus complet et le plus fidèle. J'invite les lecteurs à recourir à ce tableau ; il n'existe guère dans notre langue un meilleur morceau de description. Quant aux monumens d'Alexandrie, Pococke, Norden, Shaw, Thévenot, Paul Lucas, Tott, Niébhur, Sonnini et cent autres les ont examinés, comptés, mesurés. Je me contenterai donc de donner ici l'inscription de la colonne de Pompée. Je crois être le premier voyageur qui l'ait rapportée en France.

Le monde savant la doit à quelques officiers anglais ; ils parvinrent à la relever en y appliquant du plâtre.

Pococke en avoit copié quelques lettres ; plusieurs autres voyageurs l'avoient aperçue, j'ai moi-même déchiffré distinctement à l'œil nu plusieurs traits, entr'autres le commencement de ce mot Διοκ..., qui est décisif. Les gravures du plâtre ont fourni ces quatre lignes :

ΤΟ. ΩΤΑΤΟΝ ΑΥΤΟΚΡΑΤΟΡΑ
ΤΟΝ ΠΟΛΙΟΥΧΟΝ ΑΛΕΞΑΝΔΡΕΙΑΣ
ΔΙΟΚ.Η.ΙΑΝΟΝΤΟΝ. ΤΟΝ
ΠΟ. ΕΠΑΡΧΟΣ ΑΙΓΥΠΤΟΥ.

Il faut d'abord suppléer à la tête de l'inscription le mot ΠΡΟΣ. Après le premier point, Ν ΣΟΦ; après le second, Λ; après le troisième, Τ; au quatrième, ΑΥΓΟΥΣ; au cinquième, enfin, il faut ajouter ΛΛΙΩΝ. On voit qu'il n'y a ici d'arbitraire que le mot ΑΥΓΟΥΣΤΟΝ, qui est d'ailleurs peu important. Ainsi on peut lire:

ΤΟΝ ΣΟΦΩΤΑΤΟΝ ΑΥΤΟΚΡΑΤΟΡΑ
ΤΟΝ ΠΟΛΙΟΥΧΟΝ ΑΛΕΞΑΝΔΡΕΙΑΣ
ΔΙΟΚΛΗΤΙΑΝΟΝ ΤΟΝ ΑΥΓΟΥΣΤΟΝ
ΠΟΛΛΙΩΝ ΕΠΑΡΧΟΣ ΑΙΓΥΠΤΟΥ

C'est-à-dire:

« Au très-sage Empereur, protecteur d'A-
» lexandrie, Dioclétien Auguste, Pollion,
» préfet d'Egypte. »

Ainsi, tous les doutes sur la colonne de Pompée sont éclaircis (1). Mais l'histoire garde-t-elle le silence sur ce sujet? Il me semble que, dans la Vie d'un des Pères du désert écrite en grec par un contemporain, on lit que pendant un tremblement de terre qui eut lieu à Alexandrie, toutes les colonnes tombèrent, excepté celle de Dioclétien.

---

(1) Quant à l'inscription; car la colonne est elle-même bien plus ancienne que sa dédicace.

M. Boissonade, à qui j'ai tant d'obligations, et dont j'ai mis la complaisance à de si grandes et de si longues épreuves, propose de supprimer le ΠΡΟΣ de ma leçon, qui n'est là que pour gouverner des accusatifs, et dont la place n'est point marquée sur la base de la colonne. Il sous-entend alors, comme dans une foule d'inscriptions rapportées par Chandler, Wheler, Spon, etc. ἐτίμησε, *honoravit*. M. Boissonade, qui est destiné à nous consoler de la perte ou de la vieillesse de tant de savans illustres, a évidemment raison.

J'eus encore à Alexandrie, une de ces petites jouissances d'amour-propre dont les auteurs sont si jaloux, et qui m'avoient déjà rendu si fier à Sparte. Un riche Turc, voyageur et astronome, nommé Ali-Bey el Abassy, ayant entendu prononcer mon nom, prétendit connoître mes ouvrages. J'allai lui faire une visite avec le consul. Aussitôt qu'il m'aperçut il s'écria : *Ah, mon cher Atala! et ma chère René!* Ali-Bey me parut digne, dans ce moment, de descendre du grand Saladin. Je suis même encore un peu persuadé que c'est le Turc le plus savant et le plus poli qui soit au monde, quoiqu'il ne connoisse pas bien le genre des noms en français, mais *non ego paucis offendar maculis.*

Si j'avois été enchanté de l'Egypte, Alexandrie me sembla le lieu le plus triste et le plus désolé de la terre. Du haut de la terrasse de la maison du consul, je n'apercevois qu'une mer nue, qui se brisoit sur des côtes basses encore plus nues, des ports presque vides et le désert libyque s'enfonçant à l'horizon du midi. Ce désert sembloit, pour ainsi dire, accroître et prolonger la surface jaune et aplanie des flots : on auroit cru voir une seule mer, dont une moitié étoit agitée et bruyante, et dont l'autre moitié étoit immobile et silencieuse. Partout la nouvelle Alexandrie mêlant ses ruines aux ruines de l'ancienne Cité, un Arabe galopant sur un âne au milieu des débris ; quelques chiens maigres dévorant des carcasses de chameaux sur la grève, les pavillons des consuls européens flottant au-dessus de leurs demeures, et déployant, au milieu des tombeaux, des couleurs ennemies : tel étoit le spectacle.

Quelquefois je montois à cheval avec M. Drovetti, et nous allions nous promener à la Vieille-Ville, à Nécropolis, ou dans le désert. La plante qui donne la soude, couvroit à peine un sable aride ; des chackals fuyoient devant nous ; une espèce de grillon faisoit entendre sa voix grêle et importune : il rappeloit péniblement à la mémoire le foyer du laboureur, dans cette solitude où jamais une fumée champêtre ne vous appelle à la tente de l'Arabe. Ces lieux sont d'autant plus tristes, que les Anglais ont noyé le vaste bassin qui servoit comme de jardin à Alexandrie : l'œil ne rencontre plus que du sable, des eaux et l'éternelle colonne de Pompée.

M. Drovetti avoit fait bâtir, sur la plateforme de sa maison, une volière en forme de tente où il nourrissoit des cailles et des perdrix de diverses espèces. Nous passions les heures à nous promener dans cette volière et à parler de la France. La conclusion de tous nos discours, étoit qu'il falloit chercher au plutôt quelque petite retraite dans notre patrie, pour y renfermer nos longues espérances. Un jour, après un grand raisonnement sur le repos, je me tournai vers la mer et je montrai à mon hôte le vaisseau battu du vent sur lequel j'allois bientôt m'embarquer. Ce n'est pas, après tout, que le desir du repos ne soit naturel à l'homme ; mais le but qui nous paroît le moins élevé, n'est pas toujours le plus facile à atteindre, et souvent la chaumière fuit devant nos vœux, comme le palais.

Le ciel fut toujours couvert pendant mon séjour à Alexandrie, la mer sombre et orageuse. Je m'endormois et me réveillois au gémissement continuel des flots qui se brisoient presqu'au pied de la maison du consul. J'aurois pu m'appliquer les réflexions d'Eudore, s'il est permis de se citer soi-même :

« Le triste murmure de la mer est le pre-
» mier son qui ait frappé mon oreille, en
» venant à la vie. A combien de rivages
» n'ai-je pas vu depuis se briser les mêmes
» flots que je contemple ici ? Qui m'eût dit,
» il y a quelques années, que j'entendrois
» gémir sur les côtes d'Italie, sur les grèves
» des Bataves, des Bretons, des Gaulois,
» ces vagues que je voyois se dérouler sur
» les beaux sables de la Messénie ? Quel sera
» le terme de mes pélerinages ? Heureux si

» la mort m'eût surpris avant d'avoir com-
» mencé mes courses sur la terre, et lorsque je
» n'avois d'aventures à conter à personne? »

Pendant mon séjour forcé à Alexandrie, je reçus plusieurs lettres de M. Caffe, mon brave compagnon de voyage sur le Nil. Je n'en citerai qu'une : elle contient quelques détails touchant les affaires de l'Egypte à cette époque.

Rosette, le 14 février 1806.

« Monsieur,

» Quoique nous soyons au 14 courant, j'ai l'hon-
» neur de vous écrire encore, bien persuadé qu'à la
» reçue de celle-ci vous serez encore à Alexandrie.
» Ayant travaillé à mes expéditions pour Paris, au
» nombre de quatre, je prends la liberté de vous les
» recommander, et d'avoir la complaisance, à votre
» heureuse arrivée, de vouloir bien les faire remettre
» à leur adresse.
» Mahamed - Aga (1), aujourd'hui trésorier de
» Mahamed-Ali, pacha du Caire, est arrivé vers le
» midi : l'on a débité qu'il demande cinqcents bourses

---

(1) Le chef des Albanais Mahamed-Aga, frappé de l'éclat d'une grande renommée, avoit ajouté à son nom le nom de l'Empereur.

» de contribution sur le riz nouveau. Voilà, mon cher
» monsieur, comme les affaires vont de mal en pis.

» Le village où les mamelucks ont battu les Al-
» banais, et que les uns et les autres ont dépouillé,
» s'appelle Neklé; celui où nous avons été attaqués
» par les Arabes, porte le nom de Saffi.

» J'ai toujours du regret de n'avoir pas eu la sa-
» tisfaction de vous voir avant votre départ; vous m'a-
» vez privé par là d'une grande consolation, etc. etc.

» Votre très-humble, etc.

» L. E. CAFFE. »

Le 23 novembre à midi, le vent étant devenu favorable, je me rendis à bord du vaisseau avec mon domestique français. J'avois, comme je l'ai dit, renvoyé mon domestique grec à Constantinople. J'embrassai M. Drovetti sur le rivage, et nous nous promîmes amitié et souvenance : j'acquitte aujourd'hui ma dette.

Notre navire étoit à l'ancre dans le grand port d'Alexandrie, où les vaisseaux francs sont admis aujourd'hui comme les vaisseaux turcs; révolution due à nos armes. Je trouvai à bord un rabbin de Jérusalem, un Barbaresque, et deux pauvres Maures de Maroc, peut-être descendans des Abencerrages, qui revenoient du pélerinage de la Mecque : ils me demandoient leur passage par charité. Je reçus les enfans de Jacob et de Mahomet au nom de Jésus-Christ. Au fond, je n'avois pas grand mérite : car j'allai me mettre en tête que ces malheureux me porteroient bonheur, et que ma fortune passeroit en fraude, cachée parmi leurs misères.

Nous levâmes l'ancre à deux heures. Un pilote nous mit hors du port. Le vent étoit foible et de la partie du midi. Nous restâmes trois jours à la vue de la colonne de Pompée que nous découvrions à l'horizon. Le soir du troisième jour nous entendîmes le coup de canon de retraite du port d'Alexandrie. Ce fut comme le signal de notre départ définitif ; car le vent du nord se leva, et nous fîmes voile à l'occident.

Nous essayâmes d'abord de traverser le grand canal de Libye ; mais le vent du nord qui déjà n'étoit pas très-favorable, passa au nord-ouest le 29 novembre, et nous fûmes obligés de courir des bordées, entre la Crète et la côte d'Afrique.

Le 1er de décembre, le vent se fixant à

l'ouest, nous barra absolument le chemin. Peu à peu il descendit au sud-ouest, et se changea en une tempête qui ne cessa qu'à notre arrivée à Tunis. Notre navigation ne fut plus qu'une espèce de continuel naufrage de quarante-deux jours; ce qui est un peu long. Le 13 nous amenâmes toutes les voiles et nous commençâmes à fuir devant la lame. Nous fûmes portés ainsi, avec une extrême violence, jusques sur les côtes de la Caramanie. Là pendant quatre jours entiers, je vis, à loisir, les tristes et haut sommets du Cragus enveloppés de nuages. Nous battions la mer çà et là, tâchant, à la moindre variation du vent, de nous éloigner de la terre. Nous eûmes un moment la pensée d'entrer au port de Château-Rouge; mais le capitaine, qui étoit d'une timidité extrême, n'osa risquer le mouillage. La nuit du 8 fut très-pénible. Une rafale subite du midi, nous chassa vers l'île de Rhodes; la lame étoit si courte et si mauvaise, qu'elle fatiguoit singulièrement le vaisseau. Nous découvrîmes une petite felouque grecque à demi submergée, et à laquelle nous ne pûmes donner aucun secours. Elle passa à une encablure de notre poupe. Les quatre hommes qui la conduisoient étoient à genoux sur le pont; ils avoient suspendu un fanal à leur mât, et ils poussoient des cris que nous apportoient les vents. Le lendemain matin nous ne revîmes plus cette felouque.

Le vent ayant sauté au nord, nous mîmes la misaine dehors, et nous tâchâmes de nous soutenir sur la côte méridionale de l'île de Rhodes. Nous avançâmes jusqu'à l'île de Scarpanto. Le 10 le vent retomba à l'ouest, et nous perdîmes tout espoir de continuer notre route. Je desirois que le capitaine renonçât à passer le canal de Libye, et qu'il se jetât dans l'Archipel, où nous avions l'espoir de trouver d'autres vents. Mais il craignoit de s'aventurer au milieu des îles. Il y avoit déjà dix-sept jours que nous étions en mer. Pour occuper mon temps je copiois et mettois en ordre les notes de ce voyage et les descriptions des Martyrs. La nuit je me promenois sur le pont avec le second capitaine Dinelli. Les nuits passées au milieu des vagues, sur un vaisseau battu de la tempête, ne sont point stériles pour l'ame, car les nobles pensées naissent des grands spectacles.

Les étoiles qui se montrent fugitives entre les nuages brisés, les flots étincelans autour de vous, les coups de la lame qui font sortir un bruit sourd des flancs du navire, le gémissement du vent dans les mâts, tout vous annonce que vous êtes hors de la puissance de l'homme, et que vous ne dépendez plus que de la volonté de Dieu. L'incertitude de votre avenir donne aux objets leur véritable prix; et la terre, contemplée du milieu d'une mer orageuse, ressemble à la vie considérée par un homme qui va mourir.

Après avoir mesuré vingt fois les mêmes vagues, nous nous retrouvâmes le 12 devant l'île de Scarpanto. Cette île jadis appelée Carpathos, et Crapathos par Homère, donna son nom à la mer Carpathienne. Quelques vers de Virgile font aujourd'hui toute sa célébrité :

Est in Carpathio Neptuni gurgite vates
Cœruleus Proteus, etc.

Protée, ô mon cher fils! peut seul finir tes maux;
C'est lui que nous voyons sur les mers qu'il habite,
Atteler à son char les monstres d'Amphitrite.
Pallène est sa patrie; et dans le même jour
Vers ces bords fortunés il hâte son retour.

Les Nymphes, les Tritons, tous, jusqu'au vieux Nérée,
Respectent de ce dieu la science sacrée :
Ses regards pénétrans, son vaste souvenir,
Embrassent le présent, le passé, l'avenir :
Précieuse faveur du dieu puissant des ondes,
Dont il paît les troupeaux dans les plaines profondes.

Je n'irai point, si je puis, demeurer dans l'île de Protée, malgré les beaux vers des Géorgiques françaises et latines. Il me semble encore voir les tristes villages d'Anchinates, d'Oro, de Saint-Hélie, que nous découvrions avec des lunettes marines dans les montagnes de l'île. Je n'ai point, comme Ménélas et comme Aristée, perdu mon royaume ou mes abeilles ; je n'ai rien à attendre de l'avenir, et je laisse au fils de Neptune des secrets qui ne peuvent m'intéresser.

Le 12, à six heures du soir, le vent se tournant au midi, j'engageai le capitaine à passer en dedans de l'île de Crète. Il y consentit avec peine. A neuf heures il dit selon sa coutume : *Ho paura !* et il alla se coucher. M. Dinelli prit sur lui de tenter le canal formé par l'île de Scarpanto et celle de Coxo. Nous y entrâmes avec un vent violent du sud-ouest. Au lever du jour nous nous trouvâmes au milieu d'un archipel d'îlots et d'écueils blanchissant de toutes parts. Nous prîmes le parti de nous jeter dans le port de l'île de Stampalie qui étoit devant nous.

Ce triste port n'avoit ni vaisseaux dans ses eaux, ni maison sur ses rivages. On apercevoit seulement un village suspendu comme de coutume au sommet d'un rocher. Nous mouillâmes sur la côte ; je descendis à terre avec le capitaine. Tandis qu'il montoit au village, j'examinai l'intérieur de l'île. Je ne vis partout que des bruyères, des eaux errantes qui couloient sur la mousse, et la mer qui se brisoit sur une ceinture de rochers. Les anciens appelèrent pourtant cette île la Table des Dieux, θεῶν τράπεζα, à cause des fleurs dont elle étoit semée. Elle est plus connue sous le nom d'Astypalée ; on y trouvoit un temple d'Achille. Il y a peut-être des gens fort heureux dans le misérable hameau de Stampalie ; des gens qui ne sont peut-être jamais sortis de leur île, et qui n'ont jamais entendu parler de nos révolutions. Je me demandois si j'aurois voulu de ce bonheur; mais je n'étois déjà plus qu'un vieux pilote incapable de répondre affirmativement à cette question, et dont les songes sont enfans des vents et des tempêtes.

Nos matelots embarquèrent de l'eau ; le capitaine revint avec des poulets et un cochon vivant. Une felouque candiote entra dans le port ; à peine eut-elle jeté l'ancre auprès de nous, que l'équipage se mit à danser autour du gouvernail : *O Græcia vana!*

Le vent continuant toujours de souffler du midi, nous appareillâmes le 16 à neuf heures du matin. Nous passâmes au sud de l'île de Nanfia, et le soir, au coucher du soleil, nous aperçûmes la Crète. Le lendemain 17, faisant route au nord-nord-ouest, nous découvrîmes le mont Ida ; son sommet enveloppé de neige, ressembloit à une immense coupole. Nous portâmes sur l'île de Cérigo, et nous fûmes assez heureux pour la passer le 18. Le 19, je revis les côtes de la Grèce, et je saluai le Ténare. Un orage du sud-est s'éleva à notre grande joie, et en cinq jours nous arrivâmes dans les eaux de l'île de Malte. Nous la découvrimes la veille de Noël ; mais le jour de Noel même, le vent se rangeant à l'ouest-nord-ouest, nous chassa au midi de Lampedouse. Nous restâmes dix-huit jours sur la côte orientale du royaume de Tunis, entre la vie et la mort. Je n'oublierai de ma vie la journée du 28. Nous étions à la vue de la Pantalerie : un calme profond survint tout-à-coup à midi ; le ciel éclairé d'une lumière blafarde étoit menaçant. Vers le coucher du soleil, une nuit si profonde tomba du ciel, qu'elle justifia à mes yeux la belle expression de Virgile : *Ponto nox incubat atra*. Nous entendîmes ensuite un bruit affreux. Un ouragan fondit sur le navire et le fit pirouetter comme une plume sur un bassin d'eau. Dans un instant la mer fut bouleversée de telle sorte que sa surface n'offroit qu'une nappe d'écume. Le vaisseau, qui n'obéissoit plus au gouvernail, étoit comme un point ténébreux au milieu de cette terrible blancheur ; le tourbillon sembloit nous soulever et nous arracher des flots ; nous tournions en tout sens, plongeant tour-à-tour la poupe et la proue dans les vagues. Le retour de la lumière nous montra notre danger. Nous touchions presqu'à l'île de Lampedouse. Le même coup de vent fit périr, sur l'île de Malte, deux vaisseaux de guerre anglais, dont les gazettes du temps ont parlé. M. Dinelli regardant le naufrage comme inévitable, j'écrivis un billet ainsi conçu: « F. A. de Chateaubriand, naufragé » sur l'île de Lampedouse, le 28 décembre » 1806, en revenant de la Terre-Sainte. » J'enfermai ce billet dans une bouteille vide, avec le dessein de la jeter à la mer au dernier moment.

La Providence nous sauva. Un léger changement dans le vent nous fit tomber au midi de Lampedouse, et nous nous trouvâmes dans une mer libre. Le vent remontant toujours au nord, nous hasardâmes de mettre une voile et nous courûmes sur la petite syrte. Le fond de cette syrte va toujours s'élevant jusqu'au rivage, de sorte qu'en marchant la sonde à la main, on vient mouiller à telle brasse que l'on veut. Le peu de profondeur de l'eau y rend la mer calme au milieu des plus grands vents; et cette plage, si dangereuse pour les barques des anciens, est une espèce de port en pleine mer, pour les vaisseaux modernes.

Nous jetâmes l'ancre devant les îles Kerkeni, tout auprès de la ligne des pêcheries. J'étois si las de cette longue traversée, que j'aurois bien voulu débarquer à Sfax, et me rendre de là à Tunis par terre; mais le capitaine n'osa chercher le port de Sfax dont l'entrée est en effet dangereuse. Nous restâmes huit jours à l'ancre dans la petite syrte, où je vis commencer l'année 1807. Sous combien d'astres, et dans combien de fortunes diverses, j'avois déjà vu se renouveler pour moi les années qui passent si vite ou qui sont si longues! Qu'ils étoient loin de moi ces temps de mon enfance, où je recevois, avec un cœur palpitant de joie, la bénédiction et les présens paternels! Comme ce premier jour de l'année étoit attendu! Et maintenant sur un vaisseau étranger, au milieu de la mer, à la vue d'une terre barbare, ce premier jour s'envoloit pour moi, sans témoins, sans plaisirs, sans les embrassemens de la famille, sans ces tendres souhaits de bonheur qu'une mère forme pour son fils avec tant de sincérité! Ce jour né du sein des tempêtes ne laissoit tomber sur mon front que des soucis, des regrets et des cheveux blancs.

Toutefois nous crûmes devoir chômer sa fête, non comme la fête d'un hôte agréable, mais comme celle d'une vieille connoissance

On égorgea le reste des poulets, à l'exception d'un brave coq, notre horloge fidèle, qui n'avoit cessé de veiller et de chanter au milieu des plus grands périls. Le rabbin, le Barbaresque et les deux Maures sortirent de la cale du vaisseau, et vinrent recevoir leurs étrennes à notre banquet. C'étoit là mon repas de famille! Nous bûmes à la France : nous n'étions pas loin de l'île des Lotophages, où les compagnons d'Ulysse oublièrent leur patrie : je ne connois point de fruits assez doux pour me faire oublier la mienne.

Nous touchions presque aux îles Kerkeni, les *Cercinæ* des anciens. Du temps de Strabon il y avoit des pêcheries en avant de ces îles comme aujourd'hui. Les *Cercinæ* furent témoins de deux grands coups de la fortune ; car elles virent passer tour-à-tour Annibal et Marius fugitifs. Nous étions assez près d'Africa (*Turris Annibalis*), où le premier de ces deux grands hommes fut obligé de s'embarquer, pour échapper à l'ingratitude des Carthaginois. Sfax est une ville moderne : selon le docteur Shaw, elle tire son nom du mot *Sfakouse*, à cause de la grande quantité de concombres qui croissent dans son territoire.

Le 6 janvier 1807, la tempête étant enfin apaisée, nous quittâmes la petite syrte, nous remontâmes la côte de Tunis pendant trois jours, et le 10 nous doublâmes le cap Bon, l'objet de toutes nos espérances. Le 11, nous mouillâmes sous le cap de Carthage. Le 12, nous jetâmes l'ancre devant la Goulette, échelle ou port de Tunis. On envoya la chaloupe à terre, j'écrivis à M. Devoise consul français auprès du bey. Je craignois de subir encore une quarantaine, mais M. Devoise m'obtint la permission de débarquer le 18. Ce fut avec une vraie joie que je quittai le vaisseau. Je louai des chevaux à la Goulette; je fis le tour du lac, et j'arrivai à cinq heures du soir chez mon nouvel hôte.

SEPTIÈME ET DERNIÈRE PARTIE.

VOYAGE DE TUNIS

ET

RETOUR EN FRANCE.

Je trouvai chez monsieur et madame Devoise, l'hospitalité la plus généreuse et la société la plus aimable : ils eurent la bonté de me garder six semaines, au sein de leur famille ; et je jouis enfin d'un repos dont j'avois un extrême besoin. On approchoit du Carnaval, et l'on ne songeoit qu'à rire, en dépit des Maures. Les cendres de Didon et les ruines de Carthage entendoient le son d'un violon français. On ne s'embarrassoit ni de Scipion, ni d'Annibal, ni de Marius, ni de Caton d'Utique, qu'on eût fait boire (car il aimoit le vin), s'il se fût avisé de venir gourmander l'assemblée. Saint Louis seul eût été respecté en sa qualité de Français; mais le bon et grand roi n'eût point trouvé mauvais que ses sujets s'amusassent dans le même lieu où il avoit tant souffert.

Le caractère national ne peut s'effacer. Nos marins disent que, dans les colonies nouvelles, les Espagnols commencent par bâtir une église, les Anglais une taverne, et les Français un fort; et j'ajoute une salle de bal. Je me trouvois en Amérique, sur la frontière du pays des Sauvages: j'appris qu'à la première journée, je rencontrerois parmi les Indiens un de mes compatriotes. Arrivé chez les Cayougas, tribu qui faisoit partie de la nation des Iroquois, mon guide me conduisit dans une forêt. Au milieu de cette forêt, on voyoit une espèce de grange; je trouvai dans cette grange une vingtaine de sauvages, hommes et femmes, barbouillés comme des sorciers, le corps demi-nu, les oreilles découpées, des plumes de corbeau sur la tête, et des anneaux passés dans les narines. Un petit Français poudré et frisé comme autrefois, habit vert-pomme, veste de droguet, jabot et manchettes de mousseline, racloit un violon de poche, et faisoit danser *Madelon Friquet* à ces Iroquois. M. Violet (c'étoit son nom) étoit maître de danse chez les Sauvages. On lui payoit ses leçons en peaux de castors et en jambons d'ours : il avoit été marmiton au service du général Rochambaud, pendant la guerre d'Amérique. Demeuré à New-Yorck après le départ de notre armée, il résolut d'enseigner les beaux-arts aux Américains. Ses vues s'étant agrandies avec ses succès, le nouvel Orphée porta la civilisation jusques chez les hordes errantes du Nouveau-Monde. En me parlant des Indiens, il me disoit toujours : « Ces messieurs Sauvages et ces dames Sauvagesses. » Il se louoit beaucoup de la légèreté de ses écoliers ; en effet, je n'ai jamais vu faire de telles gambades. M. Violet tenant son petit violon entre son menton et sa poitrine, accordoit l'instrument fatal ; il crioit en Iroquois : *A vos places !* Et toute la troupe sautoit comme une bande de démons. Voilà ce que c'est que le génie des peuples !

Nous dansâmes donc aussi sur les débris de

Carthage. Ayant vécu à Tunis absolument comme en France, je ne suivrai plus les dates de mon journal. Je traiterai les sujets d'une manière générale et selon l'ordre dans lequel ils s'offriront à ma mémoire. Mais avant de parler de Carthage et de ses ruines, je dois nommer les différentes personnes que j'ai connues en Barbarie. Outre M. le consul de France, je voyois souvent M. Lessing, consul de Hollande : son beau-frère, M. Humberg, officier-ingénieur hollandais, commandoit à la Goulette. C'est avec le dernier que j'ai visité les ruines de Carthage; j'ai eu infiniment à me louer de sa complaisance et de sa politesse. Je rencontrai aussi M. Lear, consul des Etats-Unis. J'avois été autrefois recommandé en Amérique, au général Washington. M. Lear avoit occupé une place auprès de ce grand homme, il voulut bien, en mémoire de mon illustre patron, me faire donner passage sur un schooner des Etats-Unis. Ce schooner me déposa en Espagne, comme je le dirai à la fin de cet Itinéraire. Enfin, je vis à Tunis, tant à la légation que dans la ville, plusieurs jeunes Français à qui mon nom n'étoit pas tout-à-fait étranger. Je ne dois point oublier les restes de l'intéressante famille de M. Andanson.

Si la multitude des récits fatigue l'écrivain qui veut parler aujourd'hui de l'Egypte et de la Judée, il éprouve, au sujet des antiquités de l'Afrique, un embarras tout contraire par la disette des documens. Ce n'est pas qu'on manque de Voyages en Barbarie : je connois une trentaine de Relations des royaumes de Maroc, d'Alger et de Tunis. Toutefois ces Relations sont insuffisantes. Parmi les anciens Voyages, il faut distinguer l'*Africa Illustrata* de Grammaye, et le savant ouvrage de Shaw. Les *Missions* des Pères de la Trinité et des Pères de la Merci renferment des miracles de charité ; mais elles ne parlent point, et ne doivent point parler des Romains et des Carthaginois. Les Mémoires imprimés à la suite des Voyages de Paul Lucas ne contiennent que le récit d'une guerre civile à Tunis. Shaw auroit pu suppléer à tout, s'il avoit étendu ses recherches à l'histoire ; malheureusement il ne la considère que sous les rapports géographiques. Il touche à peine, en passant, les antiquités : Carthage, par exemple, n'occupe pas, dans ses observations, plus de place que Tunis. Parmi les voyageurs tout-à-fait modernes, lady Montague, l'abbé Poiret, M. Desfontaines, disent quelques mots de Carthage, mais sans s'y arrêter aucunement. On a publié à Milan, en 1806, l'année même de mon voyage, un ouvrage sous ce titre : *Ragguaglio di alcuni Monumenti di Antichita ed Arti, raccolti negli ultimi Viaggi d'un dilettante.*

Je crois qu'il est question de Carthage dans ce livre : j'en ai retrouvé la note trop tard pour le faire venir d'Italie. On peut donc dire que le sujet que je vais traiter est neuf : j'ouvrirai la route; les habiles viendront après moi.

Avant de parler de Carthage, qui est ici le seul objet intéressant, il faut commencer par nous débarrasser de Tunis. Cette ville conserve à peu près son nom antique. Les Grecs et les Latins l'appeloient *Tunes*, et Diodore lui donne l'épithète de Blanche, Λευκὸν, parce qu'elle est bâtie sur une colline craïeuse : elle est à douze milles des ruines de Carthage, et presqu'au bord d'un lac dont l'eau est salée. Ce lac communique avec la mer, au moyen d'un canal appelé la Goulette, et ce canal est défendu par un fort. Les vaisseaux marchands mouillent devant ce fort, où ils se mettent à l'abri derrière la jetée de la Goulette, en payant un droit d'ancrage considérable.

Le lac de Tunis pouvoit servir de port aux flottes des anciens ; aujourd'hui, une de nos barques a bien de la peine à le traverser sans échouer. Il faut avoir soin de suivre le principal canal qu'indiquent des pieux plantés dans la vase. Abulfeda marque dans ce lac une île qui sert maintenant de lazareth. Les voyageurs ont parlé des flamans ou phénicoptères qui animent cette grande flaque d'eau, d'ailleurs assez triste. Quand ces beaux oiseaux volent à l'encontre du soleil, tendant le cou en avant, et allongeant les pieds en arrière, ils ont l'air de flèches empennées avec des plumes couleur de rose.

Des bords du lac, pour arriver à Tunis, il faut traverser un terrain qui sert de promenade aux Francs. La ville est murée ; elle peut avoir une lieue de tour, en y comprenant le faubourg extérieur, Bled-el-Had-rah. Les maisons en sont basses, les rues étroites, les boutiques pauvres, les mosquées chétives. Le peuple, qui se montre peu au-dehors, a quelque chose de hagard et de sauvage. On rencontre sous les portes de la ville ce qu'on appelle des *Siddi* ou des *Saints :* ce sont des négresses et des nègres tout nus, dévorés par la vermine, vautrés dans leurs ordures, et mangeant insolemment le pain de la charité. Ces sales créatures sont sous la protection immédiate de Mahomet. Des marchands européens, des Turcs enrôlés à Smyrne, des Maures dégénérés, des renégats et des captifs, composent le reste de la population.

La campagne aux environs de Tunis est agréable : elle présente de grandes plaines semées de blé et bordées de collines qu'ombragent des oliviers et des caroubiers. Un aqueduc moderne, d'un bon effet, traverse une vallée derrière la ville. Le bey a sa maison de campagne au fond de cette vallée. De Tunis même on découvre au midi les collines dont j'ai parlé ; on voit à l'orient les montagnes du Mamélife, montagnes singulièrement déchirées, d'une figure bizarre, et aux pieds desquelles se trouvent les eaux chaudes connues des anciens : à l'ouest et au nord, on aperçoit la mer, le port de la Goulette, et les ruines de Carthage.

Les Tunisiens sont cependant moins cruels

et plus civilisés que les peuples d'Alger. Ils ont recueilli les Maures d'Andalousie, qui habitent le village de Tub-Urbo, à six lieues de Tunis, sur la Me-Jerdah (1). Le bey actuel est un homme habile : il cherche à se tirer de la dépendance d'Alger, à laquelle Tunis est soumise depuis la conquête qu'en firent les Algériens en 1757. Ce prince parle italien, cause avec esprit, et entend mieux la politique de l'Europe que la plupart des Orientaux. On sait au reste que Tunis fut attaquée par saint Louis en 1270, et prise par Charles-Quint, en 1535. Comme la mort de saint Louis se lie à l'histoire de Carthage, j'en parlerai ailleurs. Quant à Charles-Quint, il défit le fameux Barberousse, et rétablit le roi de Tunis sur son trône, en l'obligeant toutefois à payer un tribut à l'Espagne : on peut consulter à ce sujet l'ouvrage de Robertson (2). Charles-Quint garda le fort de la Goulette, mais les Turcs le reprirent en 1574.

Je ne dis rien de la Tunis des anciens, par-

---

(1) La Bagrada de l'antiquité, au bord de laquelle Régulus tua le fameux serpent.
(2) Hist. de Ch. V, lib. V. 5.

ce qu'on va la voir figurer à l'instant dans les guerres de Rome et de Carthage.

Au reste, on m'a fait présent à Tunis d'un manuscrit qui traite de l'état actuel de ce royaume, de son gouvernement, de son commerce, de son revenu, de ses armées, de ses caravanes. Je n'ai point voulu profiter de ce manuscrit ; je n'en connois point l'auteur ; mais quel qu'il soit, il est juste qu'il recueille l'honneur de son travail. Je donnerai cet excellent Mémoire à la fin de l'Itinéraire. Je passe maintenant à l'histoire et aux ruines de Carthage.

L'an 883 avant notre ère, Didon, obligée de fuir sa terre natale, vint aborder en Afrique. Carthage, fondée par l'épouse de Sichée, dut ainsi sa naissance à l'une de ces aventures tragiques qui marquent le berceau des peuples, et qui sont comme le germe et le présage des maux, fruits plus ou moins tardifs de toute société humaine. On connoît l'heureux anachronisme de l'Enéide. Tel est le privilége du génie, que les poétiques malheurs de Didon sont devenus une partie de la gloire de Carthage. A la vue des ruines de cette cité, on cherche les flammes du bûcher funèbre ; on croit entendre les imprécations d'une femme abandonnée; on admire ces puissans mensonges qui peuvent occuper l'imagination, dans des lieux remplis des plus grands souvenirs de l'histoire. Certes, lorsqu'une reine expirante appelle dans les murs de Carthage les divinités ennemies de Rome, et les dieux vengeurs de l'hospitalité; lorsque Vénus, sourde aux prières de l'amour, exauce les vœux de la haine, qu'elle refuse à Didon un descendant d'Enée, et lui accorde Annibal; de telles merveilles exprimées dans un merveilleux langage, ne peuvent plus être passées sous silence. L'histoire prend alors son rang parmi les Muses, et la fiction devient aussi grave que la vérité.

Après la mort de Didon, la nouvelle colonie adopta un gouvernement dont Aristote a vanté les lois. Des pouvoirs balancés avec art entre les deux premiers magistrats, les nobles et le peuple, eurent cela de particulier qu'ils subsistèrent pendant sept siècles, sans se détruire: à peine furent-ils ébranlés par des séditions populaires et par quelques conspirations des grands. Comme les guerres civiles, sources des crimes publics, sont cependant mères des vertus particulières, la République gagna plus qu'elle ne perdit à ces orages. Si ses destinées sur la terre ne furent pas aussi longues que celles de sa rivale, du moins à Carthage la liberté ne succomba qu'avec la patrie.

Mais comme les nations les plus libres sont aussi les plus passionnées, nous trouvons avant la première guerre Punique, les Carthaginois engagés dans des guerres honteuses. Ils donnèrent des chaînes à ces peuples de la Bétique dont le courage ne sauva pas la vertu; ils s'allièrent avec Xerxès et perdirent une bataille contre Gélon, le même jour que les Lacédémoniens succombèrent aux Thermopyles. Les hommes, malgré leurs préjugés, font un tel cas des sentimens nobles, que personne ne songe aux quatre-vingt mille Carthaginois égorgés dans les champs de la Sicile, tandis que le monde entier s'entretient des trois cents Spartiates morts pour obéir aux saintes lois de leur pays. C'est la grandeur de la cause, et non pas celle des moyens, qui conduit à la véritable renommée; et l'honneur a fait dans tous les temps la partie la plus solide de la gloire.

Après avoir combattu tour-à-tour Agathocle en Afrique et Pyrrhus en Sicile, les

Carthaginois en vinrent aux mains avec la république romaine. La cause de la première guerre Punique fut légère, mais cette guerre amena Régulus aux portes de Carthage.

Les Romains ne voulant point interrompre le cours des victoires de ce grand homme, ni envoyer les consuls Fulvius et M. Emilius prendre sa place, lui ordonnèrent de rester en Afrique, en qualité de proconsul. Il se plaignit de ces honneurs; il écrivit au sénat, et le pria instamment de lui ôter le commandement de l'armée : une affaire importante aux yeux de Régulus demandoit sa présence en Italie. Il avoit un champ de sept arpens à Pupinium : le fermier de ce champ étant mort, le valet du fermier s'étoit enfui avec les bœufs et les instrumens du labourage. Régulus représentoit aux sénateurs que si sa ferme demeuroit en friche, il lui seroit impossible de faire vivre sa femme et ses enfans. Le sénat ordonna que le champ de Régulus seroit cultivé aux frais de la république; qu'on tireroit du trésor l'argent nécessaire pour racheter les objets volés, et que les enfans et la femme du proconsul seroient, pendant son absence, nourris aux dépens du peuple romain. Dans une juste admi-

ration de cette simplicité, Tite-Live s'écrie :
O ! combien la vertu est préférable aux richesses ! Celles-ci passent avec ceux qui les possèdent ; la pauvreté de Régulus est encore en vénération !

Régulus, marchant de victoire en victoire, s'empara bientôt de Tunis ; la prise de cette ville jeta la consternation parmi les Carthaginois ; ils demandèrent la paix au proconsul. Ce laboureur romain prouva qu'il est plus facile de conduire la charrue après avoir remporté des victoires, que de diriger d'une main ferme une prospérité éclatante : le véritable grand homme est surtout fait pour briller dans le malheur ; il semble égaré dans le succès, et paroît comme étranger à la fortune. Régulus proposa aux ennemis des conditions si dures, qu'ils se virent forcés de continuer la guerre.

Pendant ces négociations, la destinée amenoit au travers des mers un homme qui devoit changer le cours des évènemens : un Lacédémonien nommé Xanthippe vient retarder la chute de Carthage ; il livre bataille aux Romains sous les murs de Tunis, détruit leur armée, fait Régulus prisonnier, se rembarque et disparoît sans laisser d'autres traces dans l'histoire. (1)

Régulus conduit à Carthage, éprouva les traitemens les plus inhumains; on lui fit expier les durs triomphes de sa patrie. Ceux qui traînoient à leurs chars avec tant d'orgueil, des rois tombés du trône, des femmes, des enfans en pleurs, pouvoient-ils espérer qu'on respectât dans les fers un citoyen de Rome?

La fortune redevint favorable aux Romains. Carthage demanda une seconde fois la paix; elle envoya des ambassadeurs en Italie : Régulus les accompagnoit. Ses maîtres lui firent donner sa parole qu'il reviendroit prendre ses chaînes, si les négociations n'avoient pas une heureuse issue : on espéroit qu'il plaideroit fortement en faveur d'une paix qui lui devoit rendre sa patrie.

Régulus arrivé aux portes de Rome, refusa d'entrer dans la ville. Il y avoit une ancienne loi qui défendoit à tout étranger d'introduire dans le sénat les ambassadeurs d'un peuple

---

(1) Quelques auteurs accusent les Carthaginois de l'avoir fait périr par jalousie de sa gloire, mais cela n'est pas prouvé.

ennemi : Régulus se regardant comme un envoyé des Carthaginois, fit revivre en cette occasion l'antique usage. Les sénateurs furent donc obligés de s'assembler hors des murs de la cité. Régulus leur déclara qu'il venoit, par l'ordre de ses maîtres, demander au peuple romain la paix ou l'échange des prisonniers. Les ambassadeurs de Carthage après avoir exposé l'objet de leur mission se retirèrent : Régulus les voulut suivre; mais les sénateurs le prièrent de rester à la délibération.

Pressé de dire son avis, il représenta fortement toutes les raisons que Rome avoit de continuer la guerre contre Carthage. Les sénateurs admirant sa fermeté, desiroient sauver un tel citoyen; le grand pontife soutenoit qu'on pouvoit le dégager des sermens qu'il avoit faits.

« Suivez les conseils que je vous ai donnés,
» dit l'illustre captif, d'une voix qui étonna
» l'assemblée, et oubliez Régulus: je ne demeu-
» rerai point dans Rome après avoir été l'es-
» clave de Carthage. Je n'attirerai point sur
» vous la colère des dieux. J'ai promis aux
» ennemis de me remettre entre leurs mains
» si vous rejettez la paix; je tiendrai mon
» serment. On ne trompe point Jupiter par

» de vaines expiations; le sang des taureaux
» et des brebis ne peut effacer un men-
» songe, et le sacrilége est puni tôt ou tard.

» Je n'ignore point le sort qui m'attend ;
» mais un crime flétriroit mon ame ; la dou-
» leur ne brisera que mon corps. D'ailleurs
» il n'est point de maux pour celui qui les sait
» souffrir : s'ils passent les forces de la nature,
» la mort nous en délivre. Pères conscrits,
» cessez de me plaindre : j'ai disposé de
» moi, et rien ne me pourra faire changer de
» sentiment. Je retourne à Carthage; je fais
» mon devoir et je laisse faire aux dieux. »

Régulus mit le comble à sa magnanimité : afin de diminuer l'intérêt qu'on prenoit à sa vie, et pour se débarrasser d'une compassion inutile, il dit aux sénateurs que les Carthaginois lui avoient fait boire un poison lent avant de sortir de prison : « Ainsi, ajouta-t-il,
» vous ne perdez de moi que quelques instans
» qui ne valent pas la peine d'être achetés par
» un parjure. » Il se leva, s'éloigna de Rome sans proférer une parole de plus, tenant les yeux attachés à la terre et repoussant sa femme et ses enfans ; soit qu'il craignît d'être attendri par leurs adieux, soit que comme esclave

carthaginois, il se trouvât indigne des embrassemens d'une matrone romaine. Il finit ses
jours dans d'affreux supplices; si toutefois le
silence de Polybe et de Diodore ne balancent
pas le récit des historiens latins. Régulus fut un
exemple mémorable de ce que peuvent, sur
une ame courageuse, la religion du serment
et l'amour de la patrie. Que si l'orgueil eut peut-
être un peu de part à la résolution de ce mâle
génie, se punir ainsi d'avoir été vaincu, c'étoit
être digne de la victoire.

Après vingt-quatre années de combats, un
traité de paix mit fin à la première guerre
Punique. Mais les Romains n'étoient déjà plus
ce peuple de laboureurs conduit par un sénat
de rois, élevant des autels à la Modération et
à la Petite-Fortune; c'étoient des hommes qui
se sentoient faits pour commander, et que l'ambition poussoit incessamment à l'injustice. Sous
un prétexte frivole, ils envahirent la Sardai-
gne, et s'applaudirent d'avoir fait, en pleine
paix, une conquête sur les Carthaginois. Ils ne
savoient pas que le vengeur de la foi violée,
étoit déjà aux portes de Sagonte, et que bientôt il paroîtroit sur les collines de Rome : ici
commence la seconde guerre Punique.

Annibal me paroît avoir été le plus grand capitaine de l'antiquité : si ce n'est pas celui que l'on aime le mieux, c'est celui qui étonne davantage. Il n'eut ni l'héroïsme d'Alexandre, ni les talens universels de César; mais il les surpassa l'un et l'autre, comme homme de guerre. Ordinairement l'amour de la patrie ou de la gloire conduit les héros aux prodiges; Annibal seul est guidé par la haine. Livré à ce génie d'une nouvelle espèce, il part des extrémités de l'Espagne avec une armée composée de vingt peuples divers. Il franchit les Pyrénées et les Gaules, dompte les nations ennemies sur son passage, traverse les fleuves, arrive aux pieds des Alpes. Ces montagnes sans chemins, défendues par des Barbares, opposent en vain leur barrière à Annibal. Il tombe de leurs sommets glacés sur l'Italie; écrase la première armée consulaire sur les bords du Tésin, frappe un second coup à la Trébia, un troisième à Thrasimène, et du quatrième coup de son épée il semble immoler Rome dans la plaine de Cannes. Pendant seize années il fait la guerre sans secours au sein de l'Italie; pendant seize années, il ne lui échappe qu'une de ces fautes qui décident du sort des Empires;

et qui paroissent si étrangères à la nature d'un grand homme, qu'on peut les attribuer raisonnablement à un dessein de la Providence.

Infatigable dans les périls, inépuisable dans les ressources, fin, ingénieux, éloquent, savant même et auteur de plusieurs ouvrages, Annibal eut toute les distinctions qui appartiennent à la supériorité de l'esprit et à la force du caractère ; mais il manqua des hautes qualités du cœur : froid, cruel, sans entrailles, né pour renverser et non pour fonder des Empires, il fut, en magnanimité, fort inférieur à son rival.

Le nom de Scipion l'Africain est un des beaux noms de l'histoire. L'ami des dieux, le généreux protecteur de l'infortune et de la beauté, Scipion a quelque traits de ressemblance avec nos anciens chevaliers. En lui commence cette urbanité romaine, ornement du génie de Cicéron, de Pompée, de César, et qui remplaça chez ces citoyens illustres la rusticité de Caton et de Fabricius.

Annibal et Scipion se rencontrèrent aux champs de Zama ; l'un célèbre par ses victoires, l'autre fameux par ses vertus : dignes tous les deux de représenter leurs grandes patries et de se disputer l'empire du monde.

Au départ de la flotte de Scipion pour l'Afrique, le rivage de la Sicile étoit bordé d'un peuple immense et d'une foule de soldats. Quatre cents vaisseaux de charge et cinquante trirèmes couvroient la rade de Lilybée. On distinguoit à ses trois fanaux la galère de Lélius, amiral de la flotte. Les autres vaisseaux, selon leur grandeur, portoient une ou deux lumières. Les yeux du monde étoient attachés sur cette expédition qui devoit arracher Annibal de l'Italie, et décider enfin du sort de Rome et de Carthage. Les cinquième et sixième légions, qui s'étoient trouvées à la bataille de Cannes, brûloient du desir de ravager les foyers du vainqueur. Le général surtout attiroit les regards : sa piété envers les dieux, ses exploits en Espagne où il avoit vengé la mort de son oncle et de son père, le projet de rejeter la guerre en Afrique, projet que lui seul avoit conçu contre l'opinion du grand Fabius ; enfin, cette faveur que les hommes accordent aux entreprise hardies, à la gloire, à la beauté, à la jeunesse, faisoient de Scipion l'objet de tous les vœux comme de toutes les espérances.

Le jour du départ ne tarda pas d'arriver. Au lever de l'aurore, Scipion parut sur la poupe de la galère de Lélius, à la vue de la flotte et de la multitude qui couvroit les hauteurs du rivage. Un héraut leva son sceptre, et fit faire silence :

« Dieux et déesses de la terre, s'écria Scipion, » et vous divinités de la mer, accordez une » heureuse issue à mon entreprise ! Que mes » desseins tournent à ma gloire et à celle du » peuple romain ! Que, pleins de joie, nous re- » tournions un jour dans nos foyers, chargés » des dépouilles de l'ennemi ; et que Carthage » éprouve les malheurs dont elle avoit menacé » ma patrie ! »

Cela dit, on égorge une victime ; Scipion en jette les entrailles fumantes dans la mer ; les voiles se déploient au son de la trompette ; un vent favorable emporte la flotte entière, loin des rivages de la Sicile.

Le lendemain du départ, on découvrit la terre d'Afrique et le promontoire de Mercure : la nuit survint, et la flotte fut obligée de jeter l'ancre. Au retour du soleil, Scipion apercevant la côte, demanda le nom du promontoire le plus voisin des vaisseaux. « C'est » le cap Beau, répondit le pilote. » A ce nom d'heureux augure, le général saluant la Fortune de Rome, ordonna de tourner la proue de sa galère vers l'endroit désigné par les dieux.

Le débarquement s'accomplit sans obstacles; la consternation se répandit dans les villes et dans les campagnes; les chemins étoient couverts d'hommes, de femmes et d'enfans qui fuyoient avec leurs troupeaux : on eût cru voir une de ces grandes migrations des peuples, quand des nations entières, par la colère ou par la volonté du ciel, abandonnent les tombeaux de leurs aïeux. L'épouvante saisit Carthage : on crie aux armes ; on ferme les portes ; on place des soldats sur les murs ; comme si les Romains étoient déjà prêts à donner l'assaut.

Cependant Scipion avoit envoyé sa flotte vers Utique; il marchoit lui-même par terre à cette ville dans le dessein de l'assiéger : Masinissa vint le rejoindre avec deux mille chevaux.

Ce roi Numide, d'abord allié des Carthaginois, avoit fait la guerre aux Romains en Espagne; par une suite d'aventures extraordinaires, ayant perdu et recouvré plusieurs fois son royaume, il se trouvoit fugitif quand Scipion débarqua en Afrique. Syphax, prince des Gétules, qui avoit épousé Sophonisbe, fille d'Asdrubal, venoit de s'emparer des Etats de Masinissa. Celui-ci se jeta dans les bras de Scipion; et les Romains lui durent en partie le succès de leurs armes.

Après quelques combats heureux, Scipion mit le siége devant Utique. Les Carthaginois, commandés par Asdrubal et par Syphax, formèrent deux camps séparés à la vue du camp romain. Scipion parvint à mettre le feu à ces deux camps dont les tentes étoient faites de nattes et de roseaux, à la manière des Numides. Quarante mille hommes périrent ainsi dans une seule nuit. Le vainqueur qui prit dans cette circonstance une quantité prodigieuse d'armes, les fit brûler en l'honneur de Vulcain.

Les Carthaginois ne se découragèrent point; ils ordonnèrent de grandes levées : Syphax touché des larmes de Sophonisbe demeura fidèle aux vaincus, et s'exposa de nouveau pour la patrie d'une femme qu'il aimoit avec passion. Toujours favorisé du ciel, Scipion battit les armées ennemies, prit les villes de leur dépendance, s'empara de Tunis, et menaça Carthage d'une entière destruction. Entraîné par son fatal amour, Syphax osa reparoître devant les vainqueurs, avec un courage digne d'un meilleur sort. Abandonné des siens sur le champ de bataille, il se précipite seul dans les escadrons romains : il espéroit que ses soldats, honteux d'abandonner leur roi, tourneroient la tête et viendroient mourir avec lui. Mais ces lâches continuèrent à fuir ; et Syphax dont le cheval fut tué d'un coup de pique, tomba vivant entre les mains de Masinissa.

C'étoit un grand sujet de joie pour ce dernier prince, de tenir prisonnier celui qui lui avoit ravi la couronne : quelque temps après, le sort des armes mit aussi au pouvoir de Masinissa Sophonisbe, femme de Syphax. Elle se jette aux pieds du vainqueur :

« Je suis ta prisonnière : ainsi le veulent les
» dieux, ton courage et la fortune ; mais par
» tes genoux que j'embrasse, par cette main
» triomphante que tu me permets de toucher,
» je t'en supplie, ô Masinissa, garde-moi pour
» ton esclave; sauve-moi de l'horreur de deve-
» nir la proie d'un Barbare. Hélas, il n'y a
» qu'un moment que j'étois ainsi que toi-
» même environnée de la majesté des rois!
» Songe que tu ne peux renier ton sang ; que
» tu partages avec Syphax le nom de Numide.
» Mon époux sortit de ce palais par la colère

» des dieux ; puisses-tu y être entré sous de plus
» heureux auspices! Citoyenne de Carthage,
» fille d'Asdrubal, juge ce que je dois attendre
» d'un Romain. Si je ne puis rester dans les fers
» d'un prince né sur le sol de ma patrie, si
» la mort peut seule me soustraire au joug
» de l'étranger, donne-moi cette mort : je la
» compterai au nombre de tes bienfaits. »

Masinissa fut touché des pleurs et du sort de Sophonisbe : elle étoit dans tout l'éclat de la jeunesse, et d'une incomparable beauté. Ses supplications, dit Tite-Live, étoient moins des prières que des caresses. Masinissa vaincu lui promit tout; et, non moins passionné que Syphax, il fit son épouse de sa prisonnière.

Syphax, chargé de fers, fut présenté à Scipion. Ce grand homme qui naguères avoit vu sur un trône celui qu'il contemploit à ses pieds, se sentit touché de compassion. Syphax avoit été autrefois l'allié des Romains ; il rejeta la faute de sa défection sur Sophonisbe. « Les flambeaux de mon fatal hyménée, dit-
» il, ont réduit mon palais en cendre ; mais
» une chose me console : la Furie qui a détruit
» ma maison est passée dans la couche de

» mon ennemi : elle réserve à Masinissa un
» sort pareil au mien. »

Syphax cachoit ainsi, sous l'apparence de la haine, la jalousie qui lui arrachoit ces paroles; car ce prince aimoit encore Sophonisbe. Scipion n'étoit pas sans inquiétude; il craignoit que la fille d'Asdrubal ne prît sur Masinissa, l'empire qu'elle avoit eu sur Syphax. La passion de Masinissa paroissoit déjà d'une violence extrême : il s'étoit hâté de célébrer ses noces avant d'avoir quitté les armes; impatient de s'unir à Sophonisbe, il avoit allumé les torches nuptiales devant les dieux domestiques de Syphax, devant ces dieux accoutumés à exaucer les vœux formés contre les Romains. Masinissa étoit revenu auprès de Scipion : celui-ci, en donnant des louanges au roi des Numides, lui fit quelques légers reproches de sa conduite envers Sophonisbe. Alors, Masinissa rentrant en lui-même, et craignant de s'attirer la disgrâce des Romains, sacrifia son amour à son ambition. On l'entendit gémir au fond de sa tente, et se débattre contre ces sentimens généreux que l'homme n'arrache point de son cœur sans violence. Il fit appeler l'officier chargé de garder le poison du roi : ce poison servoit aux princes africains à se délivrer de la vie, quand ils étoient tombés dans un malheur sans remèdes : ainsi, la couronne, qui n'étoit point chez eux à l'abri des révolutions de la fortune, étoit du moins à l'abri du mépris. Masinissa mêla le poison dans une coupe, pour l'envoyer à Sophonisbe. Puis, s'adressant à l'officier chargé du triste message : « Dis à la reine, que si j'avois été » le maître, jamais Masinissa n'eût été séparé » de Sophonisbe. Les dieux des Romains en » ordonnent autrement. Je lui tiens du moins » une de mes promesses : elle ne tombera » point vivante entre les mains de ses ennemis, » si elle se soumet à sa fortune en citoyenne » de Carthage, en fille d'Asdrubal, et en femme » de Syphax et de Masinissa. »

L'officier entra chez Sophonisbe et lui transmit l'ordre du roi. « Je reçois ce don nup- » tial avec joie, répondit-elle, puisqu'il est » vrai qu'un mari n'a pu faire à sa femme » d'autre présent. Dis à ton maître qu'en » perdant la vie, j'aurois du moins conservé » l'honneur, si je n'eusse point épousé Masi- » nissa la veille de ma mort. » Elle avala le poison.

Ce fut dans ces conjectures que les Carthaginois rappelèrent Annibal de l'Italie : il versa des larmes de rage; il accusa ses concitoyens; il s'en prit aux dieux; il se reprocha de n'avoir pas marché à Rome après la bataille de Cannes. Jamais homme en quittant son pays pour aller en exil, n'éprouva plus de douleur qu'Annibal en s'arrachant d'une terre étrangère pour rentrer dans sa patrie.

Il débarqua sur la côte d'Afrique, avec les vieux soldats qui avoient traversé, comme lui, les Espagnes, les Gaules, l'Italie, qui montroient plus de faisceaux ravis à des préteurs, à des généraux, à des consuls, que tous les magistrats de Rome n'en faisoient porter devant eux. Annibal avoit été trente-six ans absent de sa patrie : il en étoit sorti enfant ; il y revenoit dans un âge avancé, ainsi qu'il le dit lui-même à Scipion. Quelles durent être les pensées de ce grand homme quand il revit Carthage, dont les murs et les habitans lui étoient presque étrangers ! Deux de ses frères étoient morts; les compagnons de son enfance avoient disparu; les générations s'étoient succédées : les temples chargés de la dépouille des Romains furent sans doute les seuls lieux qu'Annibal put reconnoître dans cette Carthage nouvelle. Si ses concitoyens n'avoient pas été aveuglés par l'envie, avec quelle admiration ils auroient contemplé ce héros qui, depuis trente ans, versoit son sang pour eux dans une région lointaine, et les couvroit d'une gloire ineffaçable! Mais, quand les services sont si éminens qu'ils excèdent les bornes de la reconnoissance, ils ne sont payés que par l'ingratitude. Annibal eut le malheur d'être plus grand que le peuple chez lequel il étoit né; et son destin fut de vivre et de mourir en terre étrangère.

Il conduisit son armée à Zama. Scipion rapprocha son camp de celui d'Annibal. Le général carthaginois eut un pressentiment de l'infidélité de la Fortune; car il demanda une entrevue au général romain, afin de lui proposer la paix. On fixa le lieu du rendez-vous. Quand les deux capitaines furent en présence, ils demeurèrent muets et saisis d'admiration l'un pour l'autre. Annibal prit enfin la parole:

« Scipion, les dieux ont voulu que votre
» père ait été le premier des généraux ennemis

» à qui je me sois montré en Italie, les armes
» à la main; ces mêmes dieux m'ordonnent de
» venir aujourd'hui désarmé, demander la
» paix à son fils. Vous avez vu les Carthaginois
» campés aux portes de Rome : le bruit d'un
» camp romain se fait entendre à présent jusque
» dans les murs de Carthage. Sorti enfant de
» ma patrie, j'y rentre plein de jours; une
» longue expérience de la bonne et de la mau-
» vaise fortune, m'a appris à juger des choses
» par la raison, et non par l'évènement. Votre
» jeunesse, et le bonheur qui ne vous a point
» encore abandonné, vous rendront peut-être
» ennemi du repos; dans la prospérité, on ne
» songe point aux revers. Vous avez l'âge que
» j'avois à Cannes et à Thrasimène. Voyez ce
» que j'ai été, et connoissez, par mon exem-
» ple, l'inconstance du sort. Celui qui vous
» parle en suppliant, est ce même Anni-
» bal qui, campé entre le Tibre et le Teve-
» ron, prêt à donner l'assaut à Rome, déli-
» béroit sur ce qu'il feroit de votre patrie.
» J'ai porté l'épouvante dans les champs de
» vos pères, et je suis réduit à vous prier
» d'épargner de tels malheurs à mon pays.
» Rien n'est plus incertain que le succès des

» armes : un moment peut vous ravir votre
» gloire et vos espérances. Consentir à la paix,
» c'est rester vous-même l'arbitre de vos des-
» tinées; combattre, c'est remettre votre sort
» entre les mains des dieux. »

A ce discours étudié, Scipion répondit avec plus de franchise, mais moins d'éloquence : il rejeta, comme insuffisantes, les propositions de paix que lui faisoit Annibal, et l'on ne songea plus qu'à combattre. Il est probable que l'intérêt de la patrie ne fut pas le seul motif qui porta le général romain à rompre avec le général carthaginois, et que Scipion ne put se défendre du desir de se mesurer avec Annibal.

Le lendemain de cette entrevue, deux armées, composées de vétérans, conduites par les deux plus grands capitaines des deux plus grands peuples de la terre, s'avancèrent pour se disputer, non les murs de Rome et de Carthage, mais l'empire du monde, prix de ce dernier combat.

Scipion plaça les Piquiers au premier rang, les Princes au second, et les Triaires au troisième. Il rompit ces lignes par des intervalles égaux, afin d'ouvrir un passage aux éléphans des Carthaginois. Des vélites répandus dans ces intervalles devoient, selon l'occasion, se replier derrière les soldats pesamment armés, ou lancer sur les éléphans une grêle de flèches et de javelots. Lélius couvroit l'aile gauche de l'armée avec la cavalerie latine, et Masinissa commandoit à l'aile droite les chevaux Numides.

Annibal rangea quatre-vingts éléphans sur le front de son armée, dont la première ligne étoit composée de Liguriens, de Gaulois, de Baléares et de Mores ; les Carthaginois venoient au second rang, des Bruttiens formoient derrière eux une espèce de réserve, sur laquelle le général comptoit peu. Annibal opposa sa cavalerie à la cavalerie des Romains, les Carthaginois à Lélius, et les Numides à Masinissa.

Les Romains sonnent les premiers la charge. Ils poussent en même temps de si grands cris, qu'une partie des éléphans effrayés se replie sur l'aile gauche de l'armée d'Annibal, et jette la confusion parmi les cavaliers numides. Masinissa aperçoit leur désordre, fond sur eux, et achève de les mettre en fuite. L'autre partie des éléphans qui s'étoient précipités sur les Romains est repoussée par les vélites, et cause à l'aile droite des Carthaginois le même accident qu'à l'aile gauche. Ainsi, dès le premier choc, Annibal demeura sans cavalerie et découvert sur ses deux flancs : des raisons puissantes, que l'histoire n'a pas connues, l'empêchèrent sans doute de penser à la retraite.

L'infanterie en étant venue aux mains, les soldats de Scipion enfoncèrent facilement la première ligne de l'ennemi, qui n'étoit composée que de mercenaires. Les Romains et les Carthaginois se trouvèrent alors face à face. Les premiers, pour arriver aux seconds, étant obligés de passer sur des monceaux de cadavres, rompirent leur ligne, et furent au moment de perdre la victoire. Scipion voit le danger et change son ordre de bataille. Il fait passer les Princes et les Triaires au premier rang, et les place à la droite et à la gauche des Piquiers; il déborde par ce moyen le front de l'armée d'Annibal qui avoit déjà perdu sa cavalerie et la première ligne de ses fantassins. Les vétérans carthaginois soutinrent la gloire qu'ils s'étoient acquise en tant de batailles. On reconnoissoit parmi eux, à leurs couronnes, de simples soldats qui avoient tué de leurs propres mains des généraux et des consuls. Mais la cavalerie romaine, revenant de la poursuite des ennemis, charge par derrière les vieux compagnons d'Annibal. Entourés de toutes parts, ils combattent jusqu'au dernier soupir, et n'abandonnent leurs drapeaux qu'avec la vie. Annibal lui-même, après avoir fait tout ce qu'on peut attendre d'un grand général et d'un soldat intrépide, se sauve avec quelques cavaliers.

Resté maître du champ de bataille, Scipion donna de grands éloges à l'habileté que son rival avoit déployée dans les évènemens du combat. Etoit-ce générosité ou orgueil? Peut-être l'une et l'autre; car le vainqueur étoit Scipion, et le vaincu, Annibal.

La bataille de Zama mit fin à la seconde guerre Punique. Carthage demanda la paix, et ne la reçut qu'à des conditions qui présageoient sa ruine prochaine. Annibal n'osant se fier à la foi d'un peuple ingrat abandonna sa patrie. Il erra dans les cours étrangères, cherchant partout des ennemis aux Romains, et partout poursuivi par eux; donnant à de foibles rois des conseils qu'ils étoient incapables de suivre, et apprenant par sa propre expérience qu'il ne faut porter chez des hôtes couronnés ni gloire

ni malheur. On assure qu'il rencontra Scipion à Ephèse, et que s'entretenant avec son vainqueur, celui-ci lui dit : « A votre avis, An-
» nibal, quel a été le premier capitaine du
» monde ? » « Alexandre, répondit le Cartha-
» ginois. » « Et le second, repartit Scipion ? »
» « Pyrrhus. » « Et le troisième ? » « Moi. »
» Que seroit-ce donc, s'écria Scipion en riant,
» si vous m'aviez vaincu ? » « Je me serois placé,
» répondit Annibal, avant Alexandre. » Mot qui prouve que l'illustre banni avoit appris dans les cours l'art de la flatterie, et qu'il avoit à la fois trop de modestie et trop d'orgueil.

Enfin, les Romains ne purent se résoudre à laisser vivre Annibal. Seul, proscrit et malheureux, il leur sembloit balancer la fortune du Capitole. Ils étoient humiliés en pensant qu'il y avoit au monde un homme qui les avoit vaincus, et qui n'étoit point effrayé de leur grandeur. Ils envoyèrent une ambassade jusqu'au fond de l'Asie demander au roi Prusias la mort de son suppliant. Prusias eut la lâcheté d'abandonner Annibal. Alors ce grand homme avala du poison, en disant : « Délivrons les Romains de la crainte que leur cause un vieillard exilé, désarmé et trahi. »

Scipion éprouva comme Annibal les peines attachées à la gloire. Il finit ses jours à Literne, dans un exil volontaire. On a remarqué qu'Annibal, Philopœmen et Scipion moururent à peu près dans le même temps, tous trois victimes de l'ingratitude de leur pays. L'Africain fit graver sur son tombeau cette inscription si connue :

INGRATE PATRIE,
TU N'AURAS PAS MES OS.

Mais après tout, la proscription et l'exil qui peuvent faire oublier des noms vulgaires, attirent les yeux sur les noms illustres : la vertu heureuse nous éblouit ; elle charme nos regards lorsqu'elle est persécutée.

Carthage elle-même ne survécut pas long-temps à Annibal. Scipion Nasica et les sénateurs les plus sages vouloient conserver à Rome une rivale ; mais on ne change point les destinées des Empires. La haine aveugle du vieux Caton l'emporta, et les Romains, sous le prétexte le plus frivole, commencèrent la troisième guerre Punique.

Ils employèrent d'abord une insigne perfidie pour dépouiller les ennemis de leurs armes.

Les Carthaginois ayant en vain demandé la paix, résolurent de s'ensevelir sous les ruines de leur cité. Les consuls Marcius et Manilius parurent bientôt sons les murs de Carthage. Avant d'en former le siége, ils eurent recours à deux cérémonies formidables : l'évocation des divinités tutélaires de cette ville, et le dévouement de la patrie d'Annibal aux dieux infernaux.

« Dieu ou déesse, qui protégez le peuple et
» la république de Carthage, Génie à qui la
» défense de cette ville est confiée, abandon-
» nez vos anciennes demeures; venez habiter
» nos temples. Puissent Rome et nos sacri-
» fices vous être plus agréables que la ville et
» les sacrifices des Carthaginois! »

Passant ensuite à la formule de dévouement :

« Dieu Pluton, Jupiter malfaisant, dieux
» Mânes, frappez de terreur la ville de Car-
» thage ; entraînez ses habitans aux enfers.
» Je vous dévoue la tête des ennemis, leurs
» biens, leurs villes, leurs campagnes ; rem-
» plissez mes vœux, et je vous immolerai trois
» brebis noires. Terre, mère des hommes, et
» vous, Jupiter, je vous atteste. »

Cependant les consuls furent repoussés avec

vigueur. Le génie d'Annibal s'étoit réveillé dans la ville assiégée. Les femmes coupèrent leurs cheveux; elles en firent des cordes pour les arcs et pour les machines de guerre. Scipion, le second Africain servoit alors comme tribun dans l'armée romaine. Quelques vieillards qui avoient vu le premier Scipion en Afrique, vivoient encore, entre autres le célèbre Masinissa. Ce roi Numide, âgé de plus de quatre-vingts ans, invita le jeune Scipion à sa cour; c'est sur la supposition de cette entrevue (1) que Cicéron composa le beau morceau de *sa République*, connu sous le nom du *Songe de Scipion*. Il fait parler ainsi l'Emilien à Lélius, à Philus, à Manilius et à Scévola :

« J'aborde Masinissa. Le vieillard me reçoit
» dans ses bras et m'arrose de ses pleurs. Il
» lève les yeux au ciel et s'écrie : « Soleil, dieux
» célestes, je vous remercie ! Je reçois, avant
» de mourir, dans mon royaume et à mes
» foyers le digne héritier de l'homme vertueux

---

(1) Scipion avoit vu auparavant Masinissa. Sa dernière entrevue n'eut pas lieu, car Masinissa étoit mort quand Scipion arriva à sa cour.

» et du grand capitaine toujours présent à ma
» mémoire !

» La nuit, plein des discours de Masi-
» nissa, je rêvai que l'Africain s'offroit de-
» vant moi : je tremblois saisi de respect
» et de crainte. L'Africain me rassura, et
» me transporta avec lui au plus haut du
» ciel, dans un lieu tout brillant d'étoiles. Il
» me dit :

« Abaissez vos regards, et voyez Carthage : je
» la forçai de se soumettre au peuple Romain;
» dans deux ans vous la détruirez de fond en
» comble, et vous mériterez, par vous-même,
» le nom d'Africain que vous ne tenez encore
» que de mon héritage... Sachez, pour vous
» encourager à la vertu, qu'il est dans le ciel
» un lieu destiné à l'homme juste. Ce qu'on ap-
» pelle la vie sur la terre, c'est la mort. On
» n'existe que dans la demeure éternelle des
» ames, et l'on ne parvient à cette demeure que
» par la sainteté, la religion, la justice, le res-
» pect envers ses parens, et le dévouement
» à la patrie. Sachez surtout mépriser les ré-
» compenses des mortels. Vous voyez d'ici
» combien cette terre est petite, combien les
» plus vastes royaumes occupent peu de place

» sur le globe que vous découvrez à peine,
» combien de solitudes et de mers divisent
» les peuples entr'eux! Quel seroit donc l'objet
» de votre ambition ? Le nom d'un Romain
» a t-il jamais franchi les sommets du Caucase
» ou ces rivages du Gange ? Que de peuples
» à l'orient, à l'occident, au midi, au
» septentrion, n'entendront jamais parler de
» l'Africain. Et ceux qui en parlent aujour-
» d'hui, combien de temps en parleront-ils ?
» Ils vont mourir. Dans le bouleversement
» des Empires, dans ces grandes révolutions
» que le temps amène, ma mémoire périra
» sans retour. O mon fils, ne songez donc
» qu'aux sanctuaires divins où vous enten-
» dez cette harmonie des sphères qui charme
» maintenant vos oreilles; n'aspirez qu'à ces
» temples éternels préparés pour les grandes
» ames et pour ces génies sublimes qui, pen-
» dant la vie, se sont élevés à la contemplation
» des choses du ciel. » L'Africain se tut, et je
» m'éveillai. »

Cette noble fiction d'un consul romain surnommé le Père de la Patrie, ne déroge point à la gravité de l'histoire. Si l'Histoire est faite pour conserver les grands noms et les pensées du génie, et ces grands noms et ces pensées se trouvent ici. (1)

Scipion l'Émilien, nommé consul par la faveur du peuple, eut ordre de continuer le siége de Carthage. Il surprit d'abord la ville basse, qui portoit le nom de Mégara ou de Magara (2). Il voulut ensuite fermer le port extérieur, au moyen d'une chaussée. Les Carthaginois ouvrirent une autre entrée à ce port, et parurent en mer au grand étonnement des Romains. Ils auroient pu brûler la flotte de Scipion; mais l'heure de Carthage étoit venue, et le trouble s'étoit emparé des conseils de cette ville infortunée.

Elle fut défendue par un certain Asdrubal, homme cruel qui commandoit trente mille mercenaires, et qui traitoit les citoyens avec autant de rigueur que les ennemis. L'hiver s'étant passé dans les entreprises que j'ai décrites, Scipion attaqua au printemps le port intérieur appelé le Cothon.

---

(1) Ce songe est une imitation d'un passage de *la République de Platon*.
(2) Je ne ferai la description de Carthage qu'en parlant de ses ruines.

Bientôt maître des murailles de ce port, il s'avança jusque dans la grande place de la ville. Trois rues s'ouvroient sur cette place et montoient en pente jusqu'à la citadelle, connue sous le nom de Byrsa. Les habitans se défendirent dans les maisons de ces rues : Scipion fut obligé de les assiéger et de prendre chaque maison tour-à-tour. Ce combat dura six jours et six nuits. Une partie des soldats romains forçoit les retraites des Carthaginois, tandis qu'une autre partie étoit occupée à tirer avec des crocs les corps entassés dans les maisons ou précipités dans les rues. Beaucoup de vivans furent jetés pêle-mêle dans les fossés avec les morts.

Le septième jour, des députés parurent en habits de supplians; ils se bornoient à demander la vie des citoyens réfugiés dans la citadelle. Scipion leur accorda leur demande, exceptant toutefois de cette grâce les déserteurs romains qui avoient passé du côté des Carthaginois. Cinquante mille personnes, hommes, femmes, enfans et vieillards, sortirent ainsi de Byrsa.

Au sommet de la citadelle s'élevoit un temple consacré à Esculape. Les transfuges, au nombre de neuf cents, se refranchèrent dans ce temple. Asdrubal les commandoit ; il avoit avec lui sa femme et ses deux enfans. Cette troupe désespérée soutint quelque temps les efforts des Romains ; mais chassée peu à peu des parvis du temple, elle se renferma dans le temple même. Alors Asdrubal, entraîné par l'amour de la vie, abandonnant secrètement ses compagnons d'infortune, sa femme et ses enfans, vint, un rameau d'olivier à la main, embrasser les genoux de Scipion. Scipion le fit aussitôt montrer aux transfuges. Ceux-ci, pleins de rage, mirent le feu au temple, en faisant contre Asdrubal d'horribles imprécations.

Comme les flammes commençoient à sortir de l'édifice, on vit paroître une femme couverte de ses plus beaux habits, et tenant par la main deux enfans. C'étoit la femme d'Asdrubal. Elle promène ses regards sur les ennemis qui entouroient la citadelle, et reconnoisssant Scipion : « Romain, s'écria-t-elle, je
» ne demande point au ciel qu'il exerce sur
» toi sa vengeance : tu ne fais que suivre les
» lois de la guerre ; mais puisses-tu, avec les
» divinités de mon pays, punir le perfide qui
» trahit sa femme, ses enfans, sa patrie et ses

» dieux ! Et toi, Asdrubal, Rome déjà pré-
» pare le châtiment de tes forfaits. Indigne
» chef de Carthage, cours te faire traîner au
» char de ton vainqueur, tandis que ce feu
» va nous dérober, moi et mes enfans, à l'es-
» clavage. »

En achevant ces mots, elle égorge ses enfans, les jette dans les flammes et s'y précipite après eux. Tous les transfuges imitent son exemple.

Ainsi périt la patrie de Didon, de Sophonisbe et d'Annibal. Florus veut que l'on juge de la grandeur du désastre, par l'embrasement qui dura dix-sept jours entiers. Scipion versa des pleurs sur le sort de Carthage. A l'aspect de l'incendie qui consumoit cette ville naguères si florissante, il songea aux révolutions des Empires, et prononça ces vers d'Homère, en les appliquant aux destinées futures de Rome: « Un temps viendra où l'on
» verra périr, et les sacrés murs d'Ilion, et le
» belliqueux Priam, et tout son peuple. » Corinthe fut détruite la même année que Carthage, et un enfant de Corinthe répéta, comme Scipion, un passage d'Homère, à la vue de sa patrie en cendres. Quel est donc

cet homme que toute l'antiquité appelle à la chute des Etats, et au spectacle des calamités des peuples? comme si rien ne pouvoit être grand et tragique sans sa présence ; comme si toutes les douleurs humaines étoient sous la protection et sous l'empire du chantre d'Ilion et d'Hector.

Carthage ne fut pas plutôt détruite, qu'un dieu vengeur sembla sortir de ses ruines : Rome perd ses mœurs ; elle voit naître dans son sein des guerres civiles, et cette corruption et ces discordes commencent sur les rivages puniques. Et d'abord Scipion, destructeur de Carthage, meurt assassiné par la main de ses proches, les enfans de ce roi Masinissa qui fit triompher les Romains, s'égorgent sur le tombeau de Sophonisbe ; les dépouilles de Syphax servent à Jugurtha, à pervertir et à vaincre les descendans de Régulus. « O cité vénale, s'écrie le prince Africain, en sortant du Capitole ! O cité mûre » pour ta ruine, si tu trouves un acheteur ! ». Bientôt Jugurtha fait passer une armée romaine sous le joug, presqu'à la vue de Carthage, et renouvelle cette honteuse cérémonie, comme pour réjouir les mânes d'Annibal; il tombe enfin dans les mains de Marius et perd l'esprit au milieu de la pompe triomphale. Les licteurs le dépouillent, lui arrachent ses pendans d'oreilles, le jettent nu dans une fosse, où ce roi justifie jusqu'à son dernier soupir ce qu'il avoit dit de l'avidité des Romains.

Mais la victoire obtenue sur le descendant de Masinissa, fait naître entre Sylla et Marius, cette jalousie qui va couvrir Rome de deuil. Obligé de fuir devant son rival, Marius vint chercher un asile parmi les tombeaux d'Hannon et d'Hamilcar. Un esclave de Sextilius, préfet d'Afrique, apporte à Marius l'ordre de quitter les débris qui lui servent de retraite : « Va dire à ton maître, répond » le terrible consul, que tu as vu Marius fu- » gitif, assis sur les ruines de Carthage. »

« Marius et Carthage, disent un historien et » un poëte, se consoloient mutuellement de » leur sort ; et tombés l'un et l'autre, ils par- » donnoient aux dieux. »

Enfin la liberté de Rome expire aux pieds de Carthage détruite et enchaînée. La vengeance est complète : c'est un Scipion qui succombe en Afrique sous les coups de César; et son corps est le jouet des flots qui portèrent les vaisseaux triomphans de ses aïeux.

Mais Caton vit encore à Utique, et avec lui Rome et la liberté sont encore debout. César approche : Caton juge que les dieux de la patrie se sont retirés. Il demande son épée ; un enfant la lui apporte ; Caton la tire du fourreau, en touche la pointe, et dit : « Je suis » mon maître ? » Ensuite il se couche, et lit deux fois le dialogue de Platon sur l'immortalité de l'ame ; après quoi il s'endort. Le chant des oiseaux le réveille au point du jour : il pense alors qu'il est temps de changer une vie libre en une vie immortelle ; il se donne un coup d'épée au-dessous de l'estomac : il tombe de son lit, se débat contre la mort. On accourt ; on bande sa plaie : il revient de son évanouissement, déchire l'appareil et s'arrache les entrailles. Il aime mieux mourir pour une cause sainte, que de vivre sous un grand homme.

Le destin de Rome républicaine étant accompli, les hommes, les lois ayant changé, le sort de Carthage changea pareillement. Déjà Tibérius-Gracchus avoit établi une colonie dans l'enceinte déserte de la ville de Didon ; mais sans doute cette colonie n'y prospéra pas, puisque Marius ne trouva à Carthage que des cabanes et des ruines. Jule-César étant en Afrique fit un songe : il crut voir pendant son sommeil une grande armée qui l'appeloit en répandant des pleurs. Dès-lors il forma le projet de rebâtir Corinthe et Carthage, dont son rêve lui avoit apparemment offert les guerriers. Auguste, qui partagea toutes les fureurs d'une révolution sanglante, et qui les répara toutes, accomplit le dessein de César. Carthage sortit de ses ruines, et Strabon assure que de son temps elle étoit déjà florissante. Elle devint la métropole de l'Afrique, et fut célèbre par sa politesse et par ses écoles. Elle vit naître tour-à-tour de grands et d'heureux génies. Tertullien lui adressa son Apologétique contre les Gentils. Mais toujours cruelle dans sa religion, Carthage persécuta les Chrétiens innocens, comme elle avoit jadis brûlé des enfans en l'honneur de Saturne. Elle livra au martyre l'illustre Cyprien, qui faisoit refleurir l'éloquence latine. Arnobe et Lactance se distinguèrent à Carthage : le dernier y mérita le surnom de Cicéron chrétien.

Soixante ans après, saint Augustin puisa

dans la capitale de l'Afrique ce goût des voluptés sur lequel, ainsi que le roi-prophète, il pleura le reste de sa vie. Sa belle imagination, touchée des fictions des poëtes, aimoit à chercher les restes du palais de Didon. Le désenchantement que l'âge amène, et le vide qui suit les plaisirs, rappelèrent le fils de Monique à des pensées plus graves. Saint Ambroise acheva la victoire, et Augustin, devenu évêque d'Hipponne, fut un modèle de vertu. Sa maison ressembloit à une espèce de monastère où rien n'étoit affecté, ni en pauvreté, ni en richesse. Vêtu d'une manière modeste, mais propre et agréable, le vénérable prélat rejetoit les habits somptueux, qui ne convenoient, disoit-il, ni à son ministère, ni à son corps cassé de vieillesse, ni à ses cheveux blancs. Aucune femme n'entroit chez lui, pas même sa sœur, veuve, et servante de Dieu. Les étrangers trouvoient à sa table une hospitalité libérale ; mais pour lui, il ne vivoit que de fruits et de légumes. Il faisoit sa principale occupation de l'assistance des pauvres et de la prédication de la parole de Dieu. Il fut surpris dans l'exercice de ses devoirs par les Vandales, qui vinrent mettre le siége devant Hipponne l'an 431 de notre ère, et qui changèrent la face de l'Afrique.

Les Barbares avoient déjà envahi les grandes provinces de l'Empire ; Rome même avoit été saccagée par Alaric. Les Vandales, ou poussés par les Visigoths, ou appelés par le comte Boniface, passèrent enfin d'Espagne en Afrique. Ils étoient, selon Procope, de la race des Goths, et joignoient à leur férocité naturelle, le fanatisme religieux. Convertis au Christianisme, mais Ariens de secte, ils persécutèrent les Catholiques avec une rage inouïe. Leur cruauté fut sans exemple : quand ils étoient repoussés devant une ville, ils massacroient leurs prisonniers autour de cette ville. Laissant les cadavres exposés au soleil, ils chargeoient, pour ainsi dire, le vent de porter la peste dans les murs que leur rage n'avoit pu franchir. L'Afrique fut épouvantée de cette race d'hommes, de géans demi-nus, qui faisoient des peuples vaincus des espèces de bêtes de somme, les chassoient par troupeaux devant eux, et les égorgeoient quand ils en étoient las.

Genseric établit à Carthage le siége de son Empire : il étoit digne de commander aux Barbares que Dieu lui avoit soumis. C'étoit un prince sombre, sujet à des accès de la plus noire mélancolie, et qui paroissoit grand dans le naufrage général du monde civilisé, parce qu'il étoit monté sur des débris.

Au milieu de sés malheurs, une dernière vengeance étoit réservée à la ville de Didon. Genseric traverse la mer et s'empare de Rome : il la livre à ses soldats pendant quatorze jours et quatorze nuits. Il se rembarque ensuite ; la flotte du nouvel Annibal apporte à Carthage les dépouilles de Rome, comme la flotte de Scipion avoit apporté à Rome les dépouilles de Carthage. Tous les vaisseaux de Genseric, dit Procope, arrivèrent heureusement en Afrique, excepté celui qui portoit les dieux.

Solidement établi dans son nouvel Empire, Genseric en sortoit tous les ans pour ravager l'Italie, la Sicile, l'Illyrie et la Grèce. Les aveugles conquérans de cette époque sentoient intérieurement qu'ils n'étoient rien en eux-mêmes, qu'ils n'étoient que des instrumens d'un conseil éternel. De là les noms qu'ils se donnoient de Fléau de Dieu, de Ravageur de l'espèce humaine ; de là cette fureur de détruire dont ils se sentoient tourmentés, cette soif du sang qu'ils ne pouvoient éteindre ; de là cette combinaison de toutes choses pour leurs succès, bassesse des hommes, absence de courage, de vertus, de talens, de génie : car rien ne devoit mettre d'obstacles à l'accomplissement des arrêts du ciel. La flotte de Genseric étoit prête; ses soldats étoient embarqués : où alloient-ils ? Il ne le savoit pas lui-même. « Prince, lui dit le » pilote, quels peuples allez-vous attaquer? » « Ceux-là, répond le Barbare, que Dieu re- » garde à présent dans sa colère. »

Genseric mourut trente-neuf ans après avoir pris Carthage. C'étoit la seule ville d'Afrique dont il n'eût pas détruit les murs. Il eut pour successeur Honoric, l'un de ses fils.

Après un règne de huit ans, Honoric fut remplacé sur le trône par son cousin Gondamond. Celui-ci porta le sceptre treize années, et laissa la couronne à Transamond son frère.

Le règne de Transamond fut en tout de vingt-sept années. Ilderic, fils d'Honoric et petit-fils de Genseric, hérita du royaume de Carthage. Gélimer, parent d'Ilderic, conspira contre lui, et le fit jeter dans un cachot. L'empereur Justinien prit la défense du monarque détrôné, et Bélisaire passa en Afrique. Gélimer ne fit presque point de résistance. Le général romain entra victorieux dans Carthage.

Il se rendit au palais, où, par un jeu de la fortune, il mangea des viandes même qui avoient été préparées pour Gélimer, et fut servi par les officiers de ce prince. Rien n'étoit changé à la cour, hors le maître; et c'est peu de chose quand il a cessé d'être heureux.

Bélisaire au reste étoit digne de ses succès. C'étoit un de ces hommes qui paroissent de loin à loin dans les jours du vice, pour interrompre le droit de prescription contre la vertu. Malheureusement ces nobles ames qui brillent au milieu de la bassesse, ne produisent aucune révolution. Elles ne sont point liées aux affaires humaines de leur temps; étrangères et isolées dans le présent, elles ne peuvent avoir aucune influence sur l'avenir. Le monde roule sur elles sans les entraîner; mais aussi elles ne peuvent arrêter le monde. Pour que les ames d'une haute nature soient utiles à la société, il faut qu'elles naissent chez un peuple qui conserve le goût de l'ordre, de la religion et des mœurs, et dont le génie et le caractère soient en rapport avec la position morale et politique. Dans le siècle de Bélisaire, les évènemens étoient grands et les hommes petits. C'est pourquoi les annales de ce siècle, bien que remplies de catastrophes tragiques, nous révoltent et nous fatiguent. Nous ne cherchons point, dans l'histoire, des révolutions qui maîtrisent et écrasent des hommes, mais des hommes qui commandent aux révolutions, et qui soient plus puissans que la fortune. L'univers bouleversé par les Barbares ne nous inspire que de l'horreur et du mépris; nous sommes éternellement et justement occupés d'une petite querelle de Sparte et d'Athènes dans un petit coin de la Grèce.

Bientôt après Gélimer, prisonnier à Constantinople, servit au triomphe de Bélisaire. Ce monarque devint laboureur. En pareil cas, la philosophie peut consoler un homme d'une nature commune; mais elle ne fait qu'augmenter les regrets d'un cœur vraiment royal.

On sait que Justinien ne fit point crever les yeux à Bélisaire. Ce ne seroit après tout qu'un bien petit évènement dans la grande histoire de l'ingratitude humaine. Quant à Carthage, elle vit un prince sortir de ses murs pour aller s'asseoir sur le trône des Césars. Ce fut Héraclius qui renversa le tyran Phocas. Les Arabes firent, en 647, leur première expédition en Afrique. Cette expédition fut suivie de quatre autres dans l'espace de cinquante ans. Carthage tomba sous le joug musulman en 696. La plupart des habitans se sauvèrent en Espagne et en Sicile. Le patrice Jean, général de l'empereur Léonce, occupa la ville en 697, mais les Sarrasins y rentrèrent pour toujours en 698; et la fille de Tyr devint la proie des enfans d'Ismaël. Elle fut prise par Hassan, sous le califat d'Abd-el-Melike. On prétend que les nouveaux maîtres de Carthage en rasèrent jusqu'aux fondemens. Cependant il en existoit encore de grands débris au commencement du neuvième siècle, s'il est vrai que des ambassadeurs de Charlemagne y découvrirent le corps de saint Cyprien. Vers la fin du même siècle, les Infidèles formèrent une ligue contre les Chrétiens, et ils avoient à leur tête, dit l'histoire, les *Sarrasins de Carthage*. Nous verrons aussi que saint Louis trouva une ville naissante dans les ruines de cette antique cité. Quoi qu'il en soit, elle n'offre plus aujourd'hui que les débris dont je vais parler. Elle n'est connue dans le pays que sous le nom de Bersach, qui semble être une corruption du nom de Byrsa. Quand on veut aller de Tunis à Carthage, il faut demander la tour d'Almenare ou *la roua* de Mastinacès : *Ventoso gloria curru !*

Il est assez difficile de bien comprendre, d'après le récit des historiens, le plan de l'ancienne Carthage. Polybe et Tite-Live avoient sans doute parlé fort au long du siége de cette ville ; mais nous n'avons plus leurs descriptions. Nous sommes réduits aux abréviateurs latins, tels que Florus et Velleius Paterculus, qui n'entrent point dans le détail des lieux. Les géographes qui vinrent par la suite des temps ne connurent que la Carthage romaine. L'autorité la plus complète sur ce sujet est celle du grec Appien, qui florissoit près de trois siècles après l'évènement, et qui, dans son style déclamatoire, manque de précision et de clarté. Rollin, qui le suit, en y mêlant peut-être mal à propos l'autorité de Strabon, m'épargnera la peine d'une traduction.

« Elle étoit située dans le fond d'un golfe,
» environnée de mer en forme d'une presqu'île,
» dont le col, c'est-à-dire l'isthme qui la joi-
» gnoit au continent, étoit d'une lieue et un
» quart (vingt-cinq stades). La presqu'île avoit
» de circuit dix-huit lieues (trois cent soixante
» stades). Du côté de l'occident il en sortoit

» une longue pointe de terre, large à peu près
» de douze toises (un demi stade), qui, s'a-
» vançant dans la mer, la séparoit d'avec le
» marais, et étoit fermée de tous côtés de ro-
» chers et d'une simple muraille. Du côté du
» midi et du continent, où étoit la citadelle
» appelée Byrsa, la ville étoit close d'une triple
» muraille, haute de trente coudées, sans les
» parapets et les tours qui la flanquoient tout
» à l'entour par égales distances, éloignées
» l'une de l'autre de quatre-vingts toises. Cha-
» que tour avoit quatre étages; les murailles
» n'en avoient que deux; elles étoient voûtées,
» et dans le bas il y avoit des étables pour met-
» tre trois cents éléphans, avec les choses né-
» cessaires pour leur subsistance, et des écu-
» ries au-dessus pour quatre mille chevaux, et
» les greniers pour leur nourriture. Il s'y trou-
» voit aussi de quoi y loger vingt mille fantas-
» sins et quatre mille cavaliers. Enfin, tout cet
» appareil de guerre étoit renfermé dans les
» seules murailles. Il n'y avoit qu'un endroit de
» la ville dont les murs fussent foibles et bas:
» c'étoit un angle négligé qui commençoit à
» la pointe de terre dont nous avons parlé, et
» qui continuoit jusqu'au port, qui étoit du

» côté du couchant. Il y en avoit deux qui se
» communiquoient l'un à l'autre, mais qui n'a-
» voient qu'une seule entrée, large de soixante-
» dix pieds, et fermée par des chaînes. Le pre-
» mier étoit pour les marchands, où l'on trou-
» voit plusieurs et diverses demeures pour les
» matelots. L'autre étoit le port intérieur,
» pour les navires de guerre, au milieu duquel
» on voyoit une île nommé Cothon, bordée
» aussi-bien que le port, de grands quais, où
» il y avoit des loges séparées pour mettre à
» couvert deux cent vingt navires, et des ma-
» gasins au-dessus, où l'on gardoit tout ce qui
» est nécessaire à l'armement et à l'équipement
» des vaisseaux. L'entrée de chacune de ces
» loges, destinées à retirer les vaisseaux, étoit
» ornée de deux colonnes de marbre, d'ou-
» vrage ionique, de sorte que tant le port que
» l'île, représentoient des deux côtés deux ma-
» gnifiques galeries. Dans cette île, étoit le pa-
» lais de l'amiral; et comme il étoit vis-à-vis
» de l'entrée du port, il pouvoit de là décou-
» vrir tout ce qui se passoit dans la mer, sans
» que de la mer on pût rien voir de ce qui se
» faisoit dans l'intérieur du port. Les mar-
» chands, de même, n'avoient aucune vue sur

» les vaisseaux de guerre, les deux ports étant
» séparés par une double muraille, et il y avoit
» dans chacun une porte particulière pour en-
» trer dans la ville sans passer par l'autre port.
» On peut donc distinguer trois parties dans
» Carthage : le port qui étoit double, appelé
» quelquefois Cothon, à cause de la petite île
» de ce nom ; la citadelle, appelée Byrsa ; la
» ville proprement dite, où demeuroient les
» habitans, qui environnoit la citadelle, et étoit
» nommée Mégara. »

Il ne resta vraisemblablement de cette première ville que les citernes publiques et particulières ; elles sont d'une beauté surprenante, et donnent une grande idée des monumens des Carthaginois ; mais je ne sais si l'aqueduc qui conduisoit l'eau à ces citernes, ne doit pas être attribué à la seconde Carthage. Je me fonde, pour la destruction entière de la cité de Didon, sur ce passage de Florus : « *Quanta* » *urbs deleta sit, ut de cæteris taceam, vel* » *ignium morâ probari potest. Quippe per* » *continuos XVII dies vix potuit incendium* » *extingui, quod domibus ac templis suis sponte* » *hostes immiserant ; ut quatenùs urbs eripi* » *Romanis non poterat, triumphus arderet.* »

Appien ajoute que ce qui échappa aux flammes fut démoli par ordre du sénat romain. « Rome, dit Velleius Paterculus, déjà maî- » tresse du monde, ne se croyoit pas en sûreté » tant que subsisteroit le nom de Carthage : » *si nomen usquàm maneret Carthaginis.*

Strabon, dans sa description courte et claire, mêle évidemment différentes parties de l'ancienne et de la nouvelle cité.

Καὶ Καρχηδὼν δὲ ἐπὶ χερρονήσου τινός ἵδρυται, etc.

« Carthage, environnée de murs de toutes » parts, occupe une presqu'île de trois cents » stades de tour, qu'elle a attachée à la terre » ferme par une isthme de soixante stades de » largeur. Au milieu de la ville s'élevoit une » colline sur laquelle étoit bâtie une citadelle » appelée Byrsa. Au sommet de cette citadelle » on voyoit un temple consacré à Esculape et » des maisons couvroient la pente de la col- » line. Les ports sont au pied de Byrsa ainsi » que la petite île ronde appelée Cothon, au- » tour de laquelle les vaisseaux forment un » cercle. »

Sur ce mot Karchedòn de l'original, j'observe, après quelques écrivains, que selon

Samuel Bochard, le nom Phœnicien de Carthage, étoit Cartha-Hadath ou Cartha-Hadtha, c'est-à-dire la nouvelle ville. Les Grecs en firent Karchedôn, et les Romains, Carthage. Les noms des trois parties de la ville étoient également tirés du Phœnicien, Magaria de magar, magasin; Byrsa de bosra, forteresse; et Cothon de Ratoun, coupure; car il n'est pas bien clair que le Cothon fût un île.

Après Strabon, nous ne savons plus rien de Carthage, sinon qu'elle étoit devenue une des plus grandes et des plus belles villes du monde. Pline pourtant se contente de dire: *Colonia Carthago, magnæ in vestigiis Carthaginis.* Pomponius Mela, avant Pline, ne paroît pas beaucoup plus favorable: *Jam quidem iterùm opulenta, etiam nunc tamen priorum excidio rerum, quam ope præsentium clarior;* mais Solin dit: *Alterum post urbem Romam terrarum decus.* D'autres auteurs la nomment la Grande et l'Heureuse: *Carthago magna, felicitate reverenda.*

La nouvelle Carthage souffrit d'un incendie sous le règne de Marc-Aurèle; car on voit ce prince occupé à réparer les malheurs de la colonie.

Commode, qui mit une flotte en station à Carthage, pour apporter à Rome les blés de l'Afrique, voulut changer le nom de Carthage en celui de *la ville Commodiane*. Cette folie de l'indigne fils d'un grand homme fut bientôt oubliée.

Les deux Gordiens ayant été proclamés empereurs en Afrique, firent de Carthage la capitale du monde, pendant leur règne d'un moment. Il paroît toutefois que les Carthaginois en témoignèrent peu de reconnoissance ; car, selon Capitolin, ils se révoltèrent contre les Gordiens, en faveur de Capélius. Zosime dit encore que ces mêmes Carthaginois reconnurent Sabinien pour leur maître, tandis que le jeune Gordien succédoit dans Rome à Balbin et à Maxime. Quand on croiroit, d'après Zonare, que Carthage fut favorable aux Gordiens, ces empereurs n'auroient pas eu le temps d'embellir beaucoup cette cité.

Plusieurs inscriptions rapportées par le savant docteur Shaw prouvent qu'Adrien, Aurélien et Septime Sévère, élevèrent des monumens en différentes villes du Byzacium, et sans doute ils ne négligèrent pas la capitale de cette riche province.

Le tyran Maxence porta la flamme et le fer en Afrique, et triompha de Carthage, comme de l'antique ennemie de Rome. On ne voit pas sans frissonner cette longue suite d'insensés qui ont gouverné le monde depuis Tibère jusqu'à Constantin, et qui vont, après ce dernier prince, se joindre aux monstres de la Byzantine. Les peuples ne valoient guère mieux que les rois. Une effroyable convention sembloit exister entre les nations et les souverains : ceux-ci pour tout oser; celles-là pour tout souffrir.

Ainsi, ce que nous savons des monumens de Carthage, dans les siècles que nous venons de parcourir, se réduit à très-peu de chose : nous voyons seulement par les écrits de Tertullien, de saint Cyprien, de Lactance, de saint Augustin, par les canons des Conciles de Carthage, et par les Actes des Martyrs, qu'il y avoit à Carthage des amphithéâtres, des théâtres, des bains, des portiques. La ville ne fut jamais bien fortifiée; car Gordien-le-Vieux ne put s'y défendre, et long-temps après, Genseric et Bélisaire y entrèrent sans difficulté.

J'ai entre les mains plusieurs monnoies des rois Vandales, qui prouvent que les arts étoient tout-à-fait perdus sous le règne de ces rois : ainsi il n'est pas probable que Carthage reçut aucun embellissement de ses nouveaux maîtres. Nous savons au contraire que Genseric abattit les églises et les théâtres ; tous les monumens païens furent renversés par ses ordres : on cite entr'autres le temple de Mémoire et la rue consacrée à la Déesse Céleste : cette rue étoit bordée de superbes édifices.

Justinien, après avoir arraché Carthage aux Vandales, y fit construire des portiques, des thermes, des églises et des monastères, comme on le voit dans le livre des Edifices de Procope. Cet historien parle encore d'une église bâtie par les Carthaginois, au bord de la mer, en l'honneur de saint Cyprien. Voilà ce que j'ai pu recueillir touchant les monumens d'une ville qui occupe un si haut rang dans l'histoire : passons maintenant à ses débris.

Le vaisseau sur lequel j'étois parti d'Alexandrie étant arrivé au port de Tunis, nous jetâmes l'ancre en face des ruines de Carthage : je les regardois sans pouvoir deviner ce que c'étoit ; j'aperçevois quelques cabanes de Mores, un hermitage musulman sur la pointe d'un cap avancé, des brebis paissant parmi des ruines ;

ruines si peu apparentes, que je les distinguois à peine du sol qui les portoit : c'étoit là Carthage.

> *Devictæ Carthaginis arces*
> *Procubuére, jacent infausto in littore turres*
> *Eversæ. Quantum illa metús, quantum illa laborum*
> *Urbs dedit insultans Latio et Laurentibus arvis !*
> *Nunc passim, vix reliquias, vix nomina servans,*
> *Obruitur, propriis non agnoscenda ruinis.*

« Les murs de Carthage vaincue, et ses
» tours renversées gisent épars sur le rivage
» fatal. Quelle crainte cette ville n'a-t-elle pas
» jadis inspirée à Rome ; quels efforts ne nous
» a-t-elle pas coûtés, lorsqu'elle nous insultoit
» jusque dans le Latium et dans les champs de
» Laurente ! Maintenant on aperçoit à peine
» ses débris, elle conserve à peine son nom, et
» ne peut être reconnue à ses propres ruines ! »

Pour se retrouver dans ces ruines, il est nécessaire de suivre une marche méthodique. Je suppose donc que le lecteur parte avec moi du fort de la Goulette, lequel, comme on sait et comme je l'ai dit, est situé sur le canal par où le lac de Tunis se dégorge dans la mer. Chevauchant le long du rivage, en se dirigeant Est-nord-Est, vous trouvez après une demi-heure de chemin, des salines qui remontent vers l'ouest, jusqu'à un fragment de mur assez voisin des Grandes Citernes. Passant entre les salines et la mer, vous commencez à découvrir des jetées qui s'étendent assez loin sous les flots. La mer et les jetées sont à votre droite; à votre gauche vous apercevez sur des hauteurs inégales beaucoup de débris; au pied de ces débris est un bassin de forme ronde assez profond, et qui communiquoit autrefois avec la mer par un canal dont on voit encore la trace. Ce bassin doit être, selon moi, le Cothon, ou le port intérieur de Carthage. Les restes des immenses travaux que l'on aperçoit dans la mer, indiqueroient, dans ce cas, le môle extérieur. Il me semble même qu'on peut distinguer quelques piles de la levée que Scipion fit construire, afin de fermer le port. J'ai remarqué aussi un second canal intérieur, qui sera, si l'on veut, la coupure faite par les Carthaginois, lorsqu'ils ouvrirent un autre passage à leur flotte.

Ce sentiment est directement opposé à celui du docteur Shaw qui place l'ancien pont de Carthage au nord et au nord-ouest de la péninsule, dans le marais noyé appelé *El-Mersa*, ou le havre. Il suppose que ce port a été bouché par les vents du nord-est, et par le limon de la Bagrada. D'Anville, dans sa géographie ancienne, et Bélidor, dans son architecture hydraulique, ont suivi cette opinion. Les voyageurs se sont soumis à ces grandes autorités. Je ne sais quelle est à cet égard l'opinion du savant Italien dont je n'ai pas vu l'ouvrage. (1)

J'avoue que je suis effrayé d'avoir à combattre des hommes d'un mérite aussi éminent que Shaw et d'Anville. L'un avoit vu les lieux, et l'autre les avoit devinés, si on me passe cette expression. Une chose cependant m'encourage : M. Humberg, commandant-ingénieur à la Goulette, homme très-habile, et qui réside depuis long-temps au milieu des ruines de Carthage, rejette absolument l'hypothèse du savant Anglais. Il est certain qu'il faut se défier de ces prétendus changemens de lieux, de ces accidens locaux, à l'aide desquels on explique les difficultés d'un plan qu'on n'entend pas. Je ne sais donc si la Bagrada a pu fermer l'ancien port de Carthage, comme le docteur Shaw le suppose, ni produire sur le rivage

---

(1) J'ai indiqué cet ouvrage plus haut.

d'Utique toutes les révolutions qu'il indique. La partie élevée du terrain au nord et au nord-ouest de l'isthme de Carthage, n'a pas, soit le long de la mer, soit dans l'El-Mersa, la moindre sinuosité qui pût servir d'abri à un bateau. Pour trouver le Cothon dans cette position, il faut avoir recours à une espèce de trou, qui de l'aveu de Shaw n'occupe pas cent verges en carré. Sur la mer du sud-est, au contraire, vous rencontrez de longues levées, des voûtes qui peuvent avoir été les magasins ou même les loges des galères ; vous voyez des canaux creusés de main d'homme, un bassin intérieur assez grand pour contenir les barques des anciens ; et au milieu de ce bassin une petite île.

L'histoire vient à mon secours. Scipion l'Africain étoit occupé à fortifier Tunis, lorsqu'il vit des vaisseaux sortir de Carthage pour attaquer la flotte romaine à Utique (Tite-Live, liv. X): Si le port de Carthage avoit été au nord, de l'autre côté de l'isthme, Scipion, placé à Tunis, n'auroit pas pu découvrir les galères des Carthaginois ; la terre cache dans cette partie le golfe d'Utique. Mais si l'on place le port au sud-est, Scipion vit et dut voir appareiller les ennemis.

Quand Scipion l'Emilien entreprit de fermer le port extérieur, il fit commencer la jettée à la pointe du cap de Carthage (App.). Or, le cap de Carthage est à l'orient, sur la baie même de Tunis. Appien ajoute que cette pointe de terre étoit près du port; ce qui est vrai, si le port étoit au sud-est; ce qui est faux, si le port se trouvoit au nord-ouest. Une chaussée, conduite de la plus longue pointe de l'isthme de Carthage pour enclore au nord-ouest ce qu'on appelle l'*El-Mersa*, est une chose absurde à supposer.

Enfin, après avoir pris le Cothon, Scipion attaqua Byrsa, ou la citadelle (Appien); le Cothon étoit donc au-dessous de la citadelle: or, celle-ci étoit bâtie sur la plus haute colline de Carthage, colline que l'on voit entre le midi et l'orient. Le Cothon, placé au nord-ouest, auroit été trop éloigné de Byrsa, tandis que le bassin que j'indique est précisément au pied de la colline du sud-est.

Si je m'étends sur ce point plus qu'il n'est nécessaire à beaucoup de lecteurs, il y en a d'autres aussi qui prennent un vif intérêt aux souvenirs de l'histoire, et qui ne cherchent dans un ouvrage que des faits et des connoissances positives. N'est-il pas singulier que dans une ville aussi fameuse que Carthage, on en soit à chercher l'emplacement même de ses ports, et que ce qui fit sa principale gloire soit précisément ce qui est le plus oublié?

Shaw me semble avoir été plus heureux à l'égard du port marqué dans le premier livre de l'Énéide. Quelques savans ont cru que ce port étoit une création du poëte; d'autres ont pensé que Virgile avoit eu l'intention de représenter, ou le port d'Ithaque, ou celui de Carthagène, ou la baie de Naples; mais le chantre de Didon étoit trop scrupuleux sur la peinture des lieux, pour se permettre une telle licence : il a décrit dans la plus exacte vérité un port à quelque distance de Carthage. Laissons parler le docteur Shaw :

« L'*Arvha-Reah*, l'Aquilaria des anciens, » est à deux lieues à l'est-nord-est de Seedy-» Doude, un peu au sud du promontoire de » Mercure : ce fut là que Curion débarqua les » troupes qui furent ensuite taillées en pièces » par Saburra. Il y a ici divers restes d'anti-» quités, mais il n'y en a point qui méritent » de l'attention. La montagne située entre le » bord de la mer et le village, où il n'y a qu'un

» demi-mille de distance, est à vingt ou trente
» pieds au-dessus du niveau de la mer, fort
» artistement taillée, et percée en quelques
» endroits pour faire entrer l'air dans les voû-
» tes que l'on y a pratiquées : on voit encore
» dans ces voûtes, à des distances réglées, de
» grosses colonnes et des arches pour soutenir
» la montagne. Ce sont ici les carrières dont
» parle Strabon, d'où les habitans de Cartha-
» ge, d'Utique et de plusieurs autres villes voi-
» sines pouvoient tirer des pierres pour leurs
» bâtimens; et comme le dehors de la monta-
» gne est tout couvert d'arbres, que les voûtes
» qu'on y a faites s'ouvrent du côté de la mer,
» qu'il y a un grand rocher de chaque côté
» de cette ouverture, vis-à-vis laquelle est l'île
» d'Ægimurus, et que de plus on y trouve
» des sources qui sortent du roc, et des repo-
» soirs pour les travailleurs; on ne sauroit
» presque douter, vu que les circonstances y
» répondent si exactement, que ce ne soit
» ici la caverne que Virgile place quelque
» part dans le golfe, et dont il fait la des-
» cription dans les vers suivans, quoiqu'il y
» ait des commentateurs qui ont cru que ce
» n'est qu'une pure fiction du poëte :

*Est in secessu longo locus : insula portum
Efficit objectu laterum: quibus omnis ab alto
Frangitur, inque sinus scindit sese unda reductos.
Hinc atque hinc vastæ rupes, geminique minantur
In cœlum scopuli, quorum sub vertice latè
Æquora tuta silent : tum sylvis scena coruscis
Desuper, horrentique utrum nemus imminet umbrâ.
Fronte sub adversâ, scopulis pendentibus antrum ;
Intùs aquæ dulces, vivoque sedilia saxo,
Nympharum domus, etc.*

(Virg., Æneid., lib. I, v. 163-172.)

A présent que nous connoissons les ports, le reste ne nous retiendra pas long-temps. Je suppose que nous avons continué notre route le long de la mer jusqu'à l'angle d'où sort le promontoire de Carthage. Ce cap, selon le docteur Shaw, ne fut jamais compris dans la cité. Maintenant nous quittons la mer, et tournant à gauche, nous parcourons, en revenant au midi, les ruines de la ville, disposées sur l'amphithéâtre des collines.

Nous trouvons d'abord les débris d'un très-grand édifice, qui semble avoir fait partie d'un palais et d'un théâtre. Au-dessus de cet édifice, en montant à l'ouest, on arrive aux belles citernes qui passent généralement pour être les seuls restes de Carthage : elles recevoient peut-être les eaux d'un aqueduc dont on voit des fragmens dans la campagne. Cet aqueduc parcouroit un espace de cinquante milles, et se rendoit aux sources de Zawan (1) et de Zungar. Il y avoit des temples au-dessus de ces sources : les plus grandes arches de l'aqueduc ont soixante-dix pieds de haut ; et les pilliers de ces arches emportent seize pieds sur chaque face. Les citernes sont immenses : elles forment une suite de voûtes qui prennent naissance les unes dans les autres, et qui sont bordées dans toute leur longueur par un corridor : c'est véritablement un magnifique ouvrage.

Pour aller des citernes publiques à la colline de Byrsa, on traverse un chemin raboteux. Au pied de la colline on trouve un cimetière et un misérable village, peut-être le *Tents* de lady Montague (2). Le sommet de l'acropole offre un terrain uni semé de petits morceaux de marbres, et qui est visiblement

---

(1) On prononce dans le pays Zauvan.

(2) Les *Ecuries des éléphans*, dont parle lady Montague, sont des chambres souterraines qui n'ont rien de remarquable.

l'aire d'un palais ou d'un temple : si l'on tient pour le palais, ce sera le palais de Didon : si l'on préfère le temple, il faudra reconnoître celui d'Esculape. Là deux femmes se précipitèrent dans les flammes, l'une pour ne pas survivre à son déshonneur, l'autre à sa patrie :

> Soleil, dont les regards embrassent l'univers,
> Reine des dieux témoins de mes affreux revers,
> Triple Hécate, pour qui, dans l'horreur des ténèbres
> Retentissent les airs de hurlemens funèbres ;
> Pâles filles du Styx, vous tous lugubres dieux,
> Dieux de Didon mourante, écoutez tous mes vœux !
> S'il faut qu'enfin ce monstre, échappant au naufrage,
> Soit poussé dans le port, jeté sur le rivage,
> Si c'est l'arrêt du sort, la volonté des cieux,
> Que du moins assailli d'un peuple audacieux,
> Errant dans les climats où son destin l'exile,
> Implorant des secours, mendiant un asile,
> Redemandant son fils arraché de ses bras,
> De ses plus chers amis il pleure le trépas !...
> Qu'une honteuse paix suive une guerre affreuse !
> Qu'au moment de régner, une mort malheureuse
> L'enlève avant le temps ! Qu'il meure sans secours,
> Et que son corps sanglant reste en proie aux vautours !
> Voilà mon dernier vœu ! Du courroux qui m'enflamme,
> Ainsi le dernier cri s'exhale avec mon ame.
> Et toi, mon peuple, et toi, prends son peuple en horreur !
> Didon au lit de mort te lègue sa fureur !
> En tribut à ta reine offre un sang qu'elle abhorre !
> C'est ainsi que mon ombre exige qu'on l'honore.
> Sors de ma cendre, sors, prends la flamme et le fer,
> Toi qui dois me venger des enfans de Teucer !

Que le peuple latin, que les fils de Carthage,
Opposés par les lieux, le soient plus par leur rage!
Que de leurs ports jaloux, que de leurs murs rivaux,
Soldats contre soldats, vaisseaux contre vaisseaux,
Courent ensanglanter et la mer et la terre!
Qu'une haine éternelle éternise la guerre!
. . . .
A peine elle achevoit, que du glaive cruel
Ses suivantes ont vu partir le coup mortel,
Ont vu sur le bûcher la reine défaillante,
Dans ses sanglantes mains l'épée encor fumante.

Du sommet de Byrsa, l'œil embrasse les ruines de Carthage, qui sont plus nombreuses qu'on ne le pense généralement : elles ressemblent à celles de Sparte, n'ayant rien de bien conservé, mais occupant un espace considérable. Je les vis au mois de février; les figuiers, les oliviers et les caroubiers donnoient déjà leurs premières feuilles; de grandes angéliques et des acanthes formoient des touffes de verdure parmi des débris de marbre de toutes couleurs. Au loin je promenois mes regards sur l'Isthme, sur une double mer, sur des îles lointaines, sur une campagne riante, sur des lacs bleuâtres, sur des montagnes azurées; je découvrois des forêts, des vaisseaux, des aqueducs, des villages mores, des hermitages mahométans, des minarets, et les maisons blanches de Tunis. Des millions de sansonnets réunis en bataillons, et ressemblant à de légers nuages, voloient au-dessus de ma tête. Environné des plus grands et des plus touchans souvenirs, je pensois à Didon, à Sophonisbe, à la noble épouse d'Asdrubal; je contemplois les vastes plaines où sont ensevelies les légions d'Annibal, de Scipion et de César; mes yeux vouloient reconnoître l'emplacement d'Utique : hélas, les débris des palais de Tibère existent encore à Caprée, et l'on cherche en vain à Utique la place de la maison de Caton ! Enfin, les terribles Vandales, les légers Mores passoient tour-à-tour devant ma mémoire, qui m'offroit pour dernier tableau saint Louis expirant sur les ruines de Carthage. Que le récit de la mort de ce prince termine cet Itinéraire : heureux de rentrer, pour ainsi dire, dans ma patrie, par un antique monument de ses vertus, et de finir au tombeau du Roi de sainte mémoire, ce long pèlerinage aux tombeaux des grands hommes !

Lorsque saint Louis entreprit son second voyage d'outre-mer, il n'étoit plus jeune. Sa santé affoiblie ne lui permettoit ni de rester long-temps à cheval, ni de soutenir le poids d'une armure ; mais Louis n'avoit rien perdu de la vigueur de l'ame. Il assemble à Paris les grands du royaume ; il leur fait la peinture des malheurs de la Palestine, et leur déclare qu'il est résolu d'aller au secours de ses frères les Chrétiens. En même temps il reçoit la croix des mains du légat, et la donne à ses trois fils aînés.

Une foule de seigneurs se croisent avec lui : les rois de l'Europe se préparent à prendre la bannière, Charles de Sicile, Edouard d'Angleterre, Gaston de Béarn, les rois de Navarre et d'Aragon. Les femmes montrèrent le même zèle : la dame de Poitiers, la comtesse de Bretagne, Iolande de Bourgogne, Jeanne de Toulouse, Isabelle de France, Amicie de Courtenay, quittèrent la quenouille que filoient alors les reines, et suivirent leurs maris outre-mer.

Saint Louis fit son testament : il laissa à Agnès, la plus jeune de ses filles, dix mille francs pour se marier, et quatre mille francs à la reine Marguerite ; il nomma ensuite deux régens du royaume, Mathieu, abbé de Saint-Denis, et Simon, sire de Nesle : après quoi il alla prendre l'oriflamme.

Cette bannière que l'on commence à voir paroître dans nos armées, sous le règne de Louis-le-Gros, étoit un étendard de soie attaché au bout d'une lance : il étoit *d'un vermeil samit, à guise de gonfanon à trois queues, et avoit autour des houppes de soie verte.* On le déposoit en temps de paix sur l'autel de l'abbaye de St.-Denis, parmi les tombeaux des rois, comme pour avertir que de race en race les Français étoient fidèles à Dieu, au prince et à l'honneur. St. Louis prit cette bannière des mains de l'abbé, selon l'usage. Il reçut en même temps l'escarcelle (1) et le bourdon (2) du pèlerin, que l'on appeloit alors *la consolation et la marque du voyage* (3): coutume si ancienne dans la monarchie, que Charlemagne fut enterré avec l'escarcelle d'or qu'il avoit habitude de porter lorsqu'il alloit en Italie.

Louis pria au tombeau des martyrs, et mit son royaume sous la protection du patron de la France. Le lendemain de cette cérémo-

---

(1) Une ceinture.
(2) Un bâton.
(3) *Solatia et indicia itineris.*

nie il se rendit pieds nus avec ses fils, du Palais de Justice à l'église de Notre-Dame. Le soir du même jour, il partit pour Vincennes où il fit ses adieux à la reine Marguerite, *gentille, bonne reine, pleine de grand simplece*, dit Robert de Sainceriaux; ensuite il quitta pour jamais ces vieux chênes, vénérables témoins de sa justice et de sa vertu.

« Mainte fois ai vu que le saint homme roi
» s'alloit ébattre au bois de Vincennes et s'asseyoit au pied d'un chêne et nous faisoit seoir
» auprès de lui, et tous ceux qui avoient affaire à lui venoient lui parler sans qu'aucun
» huissier leur donnat empêchement.... Aussi
» plusieurs fois ai vû qu'au temps d'été le bon
» roi venoit au jardin de Paris, vêtu d'une
» cotte de camelot, d'un surcot de tiretaine sans
» manche et d'un mantel par dessus de sandal
» noir; et fesoit là étendre des tapis pour nous
» asseoir au près de lui et là fesoit dépêcher son
» peuple diligemment comme au bois de Vincennes. » (1)

Saint Louis s'embarqua à Aigues-Mortes, le

---

(1) Sire de Joinville.

mardi 1er juillet 1270. Trois avis avoient été ouverts dans le conseil du roi, avant de mettre à la voile : d'aborder à Saint-Jean-d'Acre ; d'attaquer l'Egypte ; de faire une descente à Tunis. Malheureusement saint Louis se rangea au dernier avis, par une raison qui sembloit assez décisive.

Tunis étoit alors sous la domination d'un prince que Geofroy de Beaulieu et Guillaume de Nangis nomment Omar-el-Muley-Moztanca. Les historiens du temps ne disent point pourquoi ce prince feignit de vouloir embrasser la religion des Chrétiens ; mais il est assez probable qu'apprenant l'armement des Croisés, et ne sachant où tomberoit l'orage, il crut le détourner en envoyant des ambassadeurs en France, et flattant le saint roi d'une conversion à laquelle il ne pensoit point. Cette tromperie de l'Infidèle fut précisément ce qui attira sur lui la tempête qu'il prétendoit conjurer. Louis pensa qu'il suffiroit de donner à Omar une occasion de déclarer ses desseins, et qu'alors une grande partie de l'Afrique se feroit chrétienne, à l'exemple de son prince.

Une raison politique se joignoit à ce motif religieux : les Tunisiens infestoient les mers ;

ils enlevoient les secours que l'on faisoit passer aux princes chrétiens de la Palestine ; ils fournissoient des chevaux, des armes et des soldats aux soudans d'Egypte ; ils étoient le centre des liaisons que Bondoc-Dari entretenoit avec les Mores de Maroc et de l'Espagne. Il importoit donc de détruire ce repaire de brigands, pour rendre plus faciles les expéditions en Terre-Sainte.

Saint Louis entra dans la baie de Tunis au mois de juillet 1270. En ce temps-là un prince more avoit entrepris de rebâtir Carthage : plusieurs maisons nouvelles s'élevoient déjà au milieu des ruines, et l'on voyoit un château sur la colline de Byrsa. Les Croisés furent frappés de la beauté du pays couvert de bois d'oliviers. Omar ne vint point au-devant des Français : il les menaça au contraire de faire égorger tous les Chrétiens de ses Etats, si l'on tentoit le débarquement. Ces menaces n'empêchèrent point l'armée de descendre ; elle campa dans l'isthme de Carthage, et l'aumônier d'un roi de France prit possession de la patrie d'Annibal, en ces mots : *Je vous dis le ban de Notre Seigneur Jésus-Christ et de Louis, roi de France, son sergent.* Ce même lieu avoit entendu parler le Gétule, le Tyrien, le Latin, le Vandale, le Grec et l'Arabe, et toujours les mêmes passions dans des langues diverses.

Saint Louis résolut de prendre Carthage avant d'assiéger Tunis qui étoit alors une ville riche, commerçante et fortifiée. Il chassa les Sarrasins d'une tour qui défendoit les Citernes : le château fut emporté d'assaut, et la nouvelle cité suivit le sort de la forteresse. Les princesses qui accompagnoient leurs maris débarquèrent au port ; et, par une de ces révolutions que les siècles amènent, les grandes dames de France s'établirent dans les ruines des palais de Didon.

Mais la prospérité sembloit abandonner saint Louis, dès qu'il avoit passé les mers ; comme s'il eût toujours été destiné à donner aux Infidèles l'exemple de l'héroïsme dans le malheur. Il ne pouvoit attaquer Tunis avant d'avoir reçu les secours que devoit lui amener son frère, le roi de Sicile. Obligée de se retrancher dans l'isthme, l'armée fut attaquée d'une maladie contagieuse, qui en peu de jours emporta la moitié des soldats. Le soleil de l'Afrique dévoroit des hommes accoutumés à vivre sous un ciel plus doux. Afin d'augmenter la misère des Croisés, les Mores élevoient un sable brûlant avec des machines : livrant au souffle du midi cette arène embrasée, ils imitoient pour les Chrétiens les effets du Kansim ou du terrible vent du désert ; ingénieuse et épouvantable invention, digne des solitudes qui en firent naître l'idée, et qui montrent à quel point l'homme peut porter le génie de la destruction ! Des combats continuels achevoient d'épuiser les forces de l'armée : les vivans ne suffisoient pas à enterrer les morts ; on jetoit les cadavres dans les fossés du camp, qui en furent bientôt comblés.

Déjà les comtes de Nemours, de Montmorency, et de Vendôme n'étoient plus : le roi avoit vu mourir dans ses bras son fils chéri le comte de Nevers. Il se sentit lui-même frappé. Il s'aperçut dès le premier moment que le coup étoit mortel ; que ce coup abattroit facilement un corps usé par les fatigues de la guerre, par les soucis du trône, et par ces veilles religieuses et royales que Louis consacroit à son Dieu et à son peuple. Il tâcha néanmoins de dissimuler son mal, et de cacher la douleur qu'il ressentoit de la perte de son fils. On le voyoit, la mort sur le front, visiter les hôpitaux, comme un de ces pères de la Merci, consacrés dans les mêmes lieux à la rédemption des captifs et au salut des pestiférés. Des œuvres du saint il passoit aux devoirs du roi, veilloit à la sûreté du camp, montroit à l'ennemi un visage intrépide, ou, assis devant sa tente, rendoit la justice à ses sujets, comme sous le chêne de Vincennes.

Philippe, fils aîné et successeur de Louis, ne quittoit point son père qu'il voyoit près de descendre au tombeau. Le roi fut enfin obligé de garder sa tente : alors, ne pouvant plus être lui-même utile à ses peuples, il tâcha de leur assurer le bonheur dans l'avenir, en adressant à Philippe cette Instruction qu'aucun Français ne lira jamais sans verser des larmes. Il l'écrivit sur son lit de mort. Ducange parle d'un manuscrit qui paroît avoir été l'original de cette Instruction : l'écriture en étoit grande, mais altérée; elle annonçoit la défaillance de la main qui avoit tracé l'expression d'une ame si forte.

« Beau fils, la première chose que je t'en-
» seigne et commande à garder, si est que
» de tout ton cœur tu aimes Dieu. Car sans
» ce, nul homme ne peut être sauvé. Et garde

» bien de faire chose qui lui déplaise. Car
» tu devrois plutôt desirer à souffrir toutes
» manières de tourmens, que de pécher mor-
» tellement.

» Si Dieu t'envoie adversité, reçois-là bé-
» nignement, et lui en rends grâce : et pense
» que tu l'as bien desservi, et que le tout te tour-
» nera à ton preu. S'il te donne prospérité,
» si l'en remercie très-humblement, et garde
» que pour ce tu n'en sois pas pire par orgueil,
» ne autrement. Car on ne doit pas guerroyer
» Dieu de ses dons.

» Prends toi bien garde que tu aies en ta
» compagnie prudes gens et loyaux, qui ne
» soient point pleins de convoitises, soit gens
» d'église, de religion, séculiers ou autres.
» Fuis la compagnie des mauvais, et t'efforce
» d'écouter les paroles de Dieu, et les retiens
» en ton cœur.

» Aussi fais droiture et justice à chacun,
» tant aux pauvres comme aux riches. Et à tes
» serviteurs sois loyal, libéral, et roide de
» paroles, à ce qu'ils te craignent et aiment
» comme leur maître. Et si aucune contro-
» versité ou action se meut, enquiers-toi jus-
» qu'à la vérité, soit tant pour toi que contre

» toi. Si tu es averti d'avoir aucune chose
» d'autrui, qui soit certaine, soit par toi ou
» par tes prédécesseurs, fais la rendre incon-
» tinent.

» Regarde en toute diligence comment les
» gens et sujets vivent en paix et en droiture
» dessous toi, par espécial ès bonnes villes et
» cités, et ailleurs. Maintiens tes franchises
» et libertés, esquelles tes anciens les ont
» maitenues et gardées, et les tiens en faveur
» et amour.

» Garde-toi d'émouvoir guerre contre hom-
» mes chrétiens sans grand conseil, et qu'au-
» trement tu n'y puisses obvier. Si guerre et
» débats y a entre tes sujets, appaise les au
» plutôt que tu pourras.

» Prends-garde souvent à tes baillifs, pré-
» vôts, et autres officiers, et t'enquiers de leur
» gouvernement, afin que si chose y a en eux
» à reprendre, que tu le fasses.

» Et te supplie, mon enfant, que en ma
» fin, tu aies de moi souvenance, et de ma
» pauvre ame; et me secours par messe,
» oraisons, prières, aumônes et bienfaits, par
» tout ton royaume. Et m'octroie partage et
» portion en tous tes bienfaits, que tu feras.

» Et je te donne toute bénédiction, que
» jamais père peut donner à enfant priant à
» toute la Trinité du paradis, le Père, le Fils
» et le Saint-Esprit, qu'il te garde, et déf-
» fende de tous maux; à ce que nous puis-
» sions une fois, après cette mortelle vie, être
» devant Dieu ensemble, et lui rendre grace
» et louange sans fin. »

Tout homme près de mourir, détrompé sur les choses du monde, peut adresser de sages instructions à ses enfans; mais quand ces instructions sont appuyées de l'exemple de toute une vie d'innocence; quand elles sortent de la bouche d'un grand prince, d'un guerrier intrépide, et du cœur le plus simple qui fût jamais; quand elles sont les dernières expressions d'une ame divine qui rentre aux éternelles demeures, alors heureux le peuple qui peut se glorifier en disant: « L'homme qui a » écrit ces instructions étoit le roi de mes » Pères! »

La maladie faisant des progrès, Louis demanda l'extrême-onction. Il répondit aux Prières des agonisans avec une voix aussi ferme que s'il eût donné des ordres sur un champ de bataille. Il se mit à genoux au pied de son lit pour recevoir le Saint Viatique, et on fut obligé de soutenir par les bras ce nouveau saint Jérôme, dans cette dernière communion. Depuis ce moment il mit fin aux pensées de la terre, et se crut acquitté envers ses peuples. Eh, quel monarque avoit jamais mieux rempli ses devoirs! Sa charité s'étendit alors à tous les hommes: il pria pour les Infidèles qui firent à la fois la gloire et le malheur de sa vie; il invoqua les saints patrons de la France, de cette France si chère à son ame royale. Le lundi matin, 25 août, sentant que son heure approchoit, il se fit coucher sur un lit de cendres, où il demeura étendu les bras croisés sur la poitrine, et les yeux levés vers le ciel.

On n'a vu qu'une fois, et l'on ne reverra jamais un pareil spectacle: la flotte du roi de Sicile se montroit à l'horizon; la campagne et les collines étoient couvertes de l'armée des Mores. Au milieu des débris de Carthage le camp des Chrétiens offroit l'image de la plus affreuse douleur: aucun bruit ne s'y faisoit entendre; les soldats moribonds sortoient des hôpitaux, et se traînoient à travers les ruines, pour s'approcher de leur roi expirant. Louis étoit entouré de sa famille en larmes, des princes consternés, des princesses défaillantes. Les députés de l'Empereur de Constantinople se trouvèrent présens à cette scène : ils purent raconter à la Grèce la merveille d'un trépas que Socrate auroit admiré. Du lit de cendres où saint Louis rendoit le dernier soupir, on découvroit le rivage d'Utique : chacun pouvoit faire la comparaison de la mort du philosophe stoïcien et du philosophe chrétien. Plus heureux que Caton, saint Louis ne fut point obligé de lire un traité de l'immortalité de l'ame, pour se convaincre de l'existence d'une vie future : il en trouvoit la preuve invincible dans sa religion, ses vertus et ses malheurs. Enfin, vers les trois heures de l'après-midi, le roi jetant un grand soupir, prononça distinctement ces paroles (1), « Seigneur, j'entrerai dans votre maison, et je vous adorerai dans votre saint Temple; » et son ame s'envola dans le saint Temple qu'il étoit digne d'habiter.

On entend alors retentir la trompette des Croisés de Sicile : leur flotte arrive pleine de joie et chargée d'inutiles secours. On ne ré-

---

(1) Ps.

pond point à leur signal. Charles d'Anjou s'étonne et commence à craindre quelque malheur. Il aborde au rivage, il voit des sentinelles la pique renversée, exprimant encore moins leur douleur par ce deuil militaire que par l'abattement de leur visage. Il vole à la tente du roi son frère : il le trouve étendu mort sur la cendre. Il se jete sur les reliques sacrées, les arrose de ses larmes, baise avec respect les pieds du saint, et donne des marques de tendresse et de regrets qu'on n'auroit point attendues d'une âme si hautaine. Le visage de Louis avoit encore toutes les couleurs de la vie, et ses lèvres même étoient vermeilles.

Charles obtint les entrailles de son frère, qu'il fit déposer à Montréal près de Salerne. Le cœur et les ossemens du prince furent destinés à l'abbaye de Saint-Denis ; mais les soldats ne voulurent point laisser partir avant eux ces restes chéris, disant que les cendres de leur souverain étoient le salut de l'armée. Il plut à Dieu d'attacher au tombeau du grand homme une vertu qui se manifesta par des miracles. La France qui ne se pouvoit consoler d'avoir perdu sur la terre un tel monarque, le déclara son protecteur dans le ciel :

Louis placé au rang des saints devint ainsi pour la patrie une espèce de roi éternel. On s'empressa de lui élever des églises et des chapelles plus magnifiques que les simples palais où il avoit passé sa vie. Les vieux chevaliers qui l'accompagnèrent à sa première Croisade, furent les premiers à reconnoître la nouvelle puissance de leur chef: « Et j'ai fait faire, dit » le sire de Joinville, un autel en l'honneur » de Dieu et de monseigneur saint Loys. »

La mort de Louis, si touchante, si vertueuse, si tranquille, par où se termine l'histoire de Carthage, semble être un sacrifice de paix offert en expiation des fureurs, des passions et des crimes dont cette ville infortunée fut si long-temps le théâtre. Je n'ai plus rien à dire aux lecteurs; il est temps qu'ils rentrent avec moi dans notre commune patrie.

Je quittai M. Devoise, qui m'avoit si noblement donné l'hospitalité. Je m'embarquai sur le schooner américain, où, comme je l'ai dit, M. Lear m'avoit fait obtenir un passage. Nous appareillâmes de la Goulette, le lundi 9 mars 1807, et nous fîmes voile pour l'Espagne. Nous prîmes les ordres d'une frégate américaine dans la rade d'Alger. Je ne descendis point à terre. Alger est bâti dans une position charmante, sur une côte qui rappelle la belle colline du Pausilype. Nous reconnûmes l'Espagne le 19, à sept heures du matin, vers le cap de Gatte, à la pointe du royaume de Grenade. Nous suivîmes le rivage, et nous passâmes devant Malaga. Enfin nous vinmes jeter l'ancre le Vendredi-Saint, 27 mars, dans la baie de Gibraltar.

Je descendis à Algésiras le lundi de Pâques. J'en partis le 4 avril pour Cadix, où j'arrivai deux jours après, et où je fus reçu avec une extrême politesse par le consul et le vice-consul de France MM. Leroi et Cancleux. De Cadix, je me rendis à Cordoue: j'admirai la mosquée, qui fait aujourd'hui la cathédrale de cette ville. Je parcourus l'ancienne Bétique, où les poëtes avoient placé le bonheur. Je remontai jusqu'à Andoujar, et je revins sur mes pas, pour voir Grenade. L'Alhambra me parut digne d'être regardé, même après les temples de la Grèce. La vallée de Grenade est délicieuse, et ressemble beaucoup à celle de Sparte: on conçoit que les Mores regrettent un pareil pays.

Je partis de Grenade pour Aranjuès; je traversai la patrie de l'illustre chevalier de la

Manche, que je tiens pour le plus noble, le plus brave, le plus aimable, et le moins fou des mortels. Je vis le Tage à Aranjuès; et j'arrivai le 21 avril à Madrid.

M. de Beauharnais, ambassadeur de France à la cour d'Espagne, me combla de bontés; il avoit connu autrefois mon malheureux frère, mort sur l'échafaud avec son illustre aïeul (1). Je quittai Madrid le 24. Je passai à l'Escurial bâti par Philippe II sur les montagnes désertes de la Vieille-Castille. La cour vient chaque année s'établir dans ce monastère, comme pour donner à des solitaires morts au monde le spectacle de toutes les passions, et recevoir d'eux ces leçons dont les passions ne profitent jamais. C'est là que l'on voit encore la chapelle funèbre où les rois d'Espagne sont ensevelis dans des tombeaux pareils, disposés en échelons; de sorte que toute cette poussière est étiquetée et rangée en ordre, comme les curiosités d'un Muséum. Il y a des sépulcres vides pour les souverains qui ne sont point encore descendus dans ces lieux.

---

(1) M. de Malsherbe.

De l'Escurial je pris ma route par Ségovie ; l'aqueduc de cette ville est un des plus grands ouvrages des Romains ; mais il faut laisser M. de la Borde nous décrire ces monumens, dans son beau voyage. A Burgos, une superbe cathédrale gothique m'annonça l'approche de mon pays. Je n'oubliai point les cendres du Cid :

> Don Rodrigue surtout n'a trait à son visage
> Qui d'un homme de cœur ne soit la haute image,
> Et sort d'une maison si féconde en guerriers,
> Qu'ils y prennent naissance au milieu des lauriers.
> . . . . Il adoroit Chimène.

A Miranda, je saluai l'Ebre qui vit le premier pas de cet Annibal, dont j'avois si long-temps suivi les traces.

Je traversai Vittoria et les charmantes montagnes de la Biscaïe. Le 3 de mai, je mis le pied sur les terres de France : j'arrivai le 5 à Baïonne, après avoir fait le tour entier de la Méditerranée, visité Sparte, Athènes, Smyrne, Constantinople, Rhode, Jérusalem, Alexandrie, le Caire, Carthage, Cordoue, Grenade et Madrid.

Quand les anciens pélerins avoient accompli le voyage de la Terre-Sainte, ils déposoient leur bourdon à Jérusalem, et prenoient pour le retour un bâton de palmier : je n'ai point rapporté dans mon pays un pareil symbole de gloire, et je n'ai point attaché à mes derniers travaux une importance qu'ils ne méritent pas. Il y a vingt ans que je me consacre à l'étude au milieu de tous les hasards et de tous les chagrins, *diversa exilia et desertas quærere terras*; un grand nombre de feuilles de mes livres ont été tracées sous la tente, dans les déserts, au milieu des flots; j'ai souvent tenu la plume, sans savoir comment je prolongerois de quelques instans mon existence : ce sont là des droits à l'indulgence, et non des titres à la gloire. J'ai fait mes adieux aux Muses dans les Martyrs, et je les renouvelle dans ces Mémoires qui ne sont que la suite ou le commentaire de l'autre ouvrage. Si le ciel m'accorde un repos que je n'ai jamais goûté, je tâcherai d'élever en silence un monument à ma patrie; si la Providence me refuse ce repos, je ne dois songer qu'à mettre mes derniers jours à l'abri des soucis qui ont empoisonné les premiers. Je ne suis plus jeune; je n'ai plus l'amour du bruit; je sais que les lettres, dont le commerce est si doux quand il est secret, ne nous attirent au-dehors que des orages : dans tous les cas, j'ai assez écrit, si mon nom doit vivre, beaucoup trop, s'il doit mourir.

FIN DE L'ITINÉRAIRE.

PIÈCES JUSTIFICATIVES.

N°. Ier.

CONTRAT

PASSÉ ENTRE LE CAPITAINE DIMITRI ET M. DE CHATEAUBRIAND. (1)

Διὰ τοῦ παρόντος γράμματος γείννεται δῆλον ὅτι ὁ κὺρ Χατζὶ Πολύκαρπος τοῦ Λαζάρου Χαβιαρτζῆς ὁποῦ ἔχει ναβλωμένην τὴν πολάκα ὀνόματι ὁ ἅγιος Ἰωάννης τοῦ Καπ. Δημητρίου Στέριου ἀπὸ τὸ Βόλο μὲ Ὠθωμανικὴν παντιέραν ἀπὸ ἐδῶ διὰ τὸν Γιάφαν διὰ νὰ πιγαίνῃ τοὺς Χατζίδους Ῥωμαίους, ἐσυμφώνισεν τὴν σήμερον μετὰ τοῦ μουσοῦ Σατὸ Μπριὰντ μπεῒζαντὲς Φραντζέζος νὰ τοῦ δώσουν μέσα εἰς τὸ ἄνωθεν καράβι μίαν μικρὰν κάμαραν νὰ καθίσῃ αὐτός καὶ δύω του δοῦλοι μαζί, διὰ νὰ κάμῃ τὸ ταξίδι ἀπὸ ἐδῶ

---

(1) Ce contrat a été copié avec les fautes d'orthographe grossières, les faux accens et les barbarismes de l'original.

εἰς τὸ Γιάφα, νὰ τοῦ δείδουν τόπον εἰς τὸ ὀτζάκη τοῦ καπιτάνιου νὰ μαγειρεύη τὸ φαγητου, ὅσον νερον χρειαςεῖ κάθε φοράν, νὰ τὸν καλοκιτάζουν εἰς ὅσον καιρὸν σταθεῖ εἰς τὸ ταξίδι, καὶ κατὰ πάντα τρῶπον νὰ τὸν συχαριστίσουν χωρὶς νὰ τοῦ προξενιθῆ καμία ἐνώχλησις. διὰ νάβλον αὐτῆς τῆς κάμαρας ὁποῦ εἶναι ἡ ἀντικάμερα τοῦ καπιτάνιου, καὶ διὰ ὅλλαις ταῖς ἄνωθεν δούλευσαις ἐσυμφώνισαν γρόσους ἐπτακώσια ἤτι Ιμ: 700: τὰ ὁποῖα ὁ ἄνωθεν μπεϊζαντες τὰ ἐμέτρησεν τοῦ Χατζὶ Πολυκάρπου, καὶ αὐτὸς ὁμολογεῖ πῶς τὰ ἔλαβεν, ὅθεν δὲν ἔχει πλέον ὁ καπιτάνος νὰ τοῦ ζητᾶ τίποτες, οὔτε ἐδῶ, οὔτε εἰς τὸ Γιάφαν, ὅταν φθάσει καὶ ἔχει νὰ ξεμπαρκαρισῆ. διὰ τοῦτο καὶ ὑπώσχεται τώσον ὁ ῥηθεὶς Χατζὶ Πολύκαρπος ναβλωτὴς καθὼς καὶ ὁ Καπιτάνος νὰ φυλάξουν ὅλλα αὐτὰ ὁποῦ ὑπωσχέθηκαν καὶ εἰς ἔνδυξιν ἀληθίας ὑπώγραψαν ἀμφώτεροι τὸ πάρον γράμμα καὶ τὸ ἔδωσαν εἰς χεῖρας τοῦ μουσοῦ Σατὸ Μριάντ, ὅπως ἔχει τὸ κύρος καὶ τὴν ἰσχὺν ἐν παντὶ καιρῷ καὶ τόπῳ. Κωνσαντινόπολ. $\frac{6}{8}$ σεπτεμβρίου 1806.

χατζη πολικαρπος λαζαρου βεβιονο (1)
καπηταν διμητρης σΊηρπο βεβυονο. (2)

(3) Ο καπιΊαν διμιτρις ηποσχετε μεταμενα ανεφ εξ εναντιας κερου ναμιν σταθη περισσοτερο απο μιαν ημερα καστρι και χιου.

ελαβον τον ναβαλ^{μιν} γρο 700 ητι επτακοσια
χατζη πολικαρπο λαζαρου

---

(1) Signature de Polycarpe.
(2) Signature de Démétrius.
(3) Ecrit de la main de Polycarpe.

TRADUCTION DU CONTRAT CI-CONTRE: (1)

Par le present contrat, déclare le Hadgi Policarpe de Lazzare caviarzi nolisateur de la Polaque nommée St. Jean commandé par le capitain Dimitry Sterio de Vallo, avec pavillon ottoman pour porter les pellerins grecs d'ici à Jaffa, avoir aujourd'hui contracté avec M. de Chateaubriant, de lui ceder une petite chambre dans le susdit batiment, ou il puisse se loger lui, et deux domestiques à son service ; en outre il lui sera donné une place dans la cheminée du capitain pour faire sa cuisine. On lui fournira de l'eau quand il en aura bésoin, et l'on fairà tout ce qui sera nécessaire pour le contenter pendant son voyage, sans permettre qu'il lui soit occasioné aucune molestie tout le temps de sa demeure à bord. — Pour nolis de son passage, et payement de tout service qui doit lui être rendû se sont convenus la somme de piastres sept-cent n°. 700. que M^r. Chateaubiant à compté audit Policarpe, et lui déclarer de les avoir reçu ; moyennant quoi le capitain ne doit et ne pourra rien autre demander de lui, ni ici, ni à leur arrivée à Jaffa, et lorsqu'il devra se débarquer. —

---

(1) Cette traduction barbare est de l'interprète franc, à Constantinople.

C'est pourquoi ils s'engagent, ce nolisateur et ce capitain, d'observer et remplir les susdits conditions dont ils se sont convenûs, et ont signé tous les deux le présent contrat, qui doit valoir en tout temps, et lieu.

Constantinopoli 6 septembre 1806.

HADGI POLICARPE DE LAZARE.
Noligeateur

Capitain DIMITRY ACRO

Le susdit cap^e. s'engage avec moi qu'il ne s'arrêtera devant les Dardanelles et Scio qu'un jour.

HADGI POLICARPE DE LAZARE.

ITINERARIUM

A BURDIGALA HIERUSALEM USQUE,

ET AB HERACLEA

PER AULONAM, ET PER URBEM ROMAM,

MEDIOLANUM USQUE;

ANTE ANNOS MILLE ET TRECENTOS SIMPLICI SERMONE SCRIPTUM, EX ANTIQUISSIMO P. PITHOEI EXEMPLARII EDITUM, CUM P. WESSELINGII ANIMADVERSIONIBUS.

N°. II.

ITINERARIUM

A BURDIGALA

HIERUSALEM USQUE,

ET AB HERACLEA PER AULONAM,

ET PER URBEM ROMAM MEDIOLANUM USQUE;

SIC:

CIVITAS BURDIGALA, UBI EST FLUVIUS GARONNA, PER QUEM FACIT MARE OCEANUM ACCESSA ET RECESSA, PER LEUGAS PLUS MINUS CENTUM.

Mutatio Stomatas.	Leug. VII.
Mutatio Sirione.	L. VIIII.
Civitas Vasatas.	L. VIIII.
Mutatio Tres Arbores.	L. V.
Mutatio Oscineio.	L. VIII.
Mutatio Scittio.	L. VIII.

Civitas Elusa..............	L. VIII.
Mutatio Vanesia...........	L. XII.
Civitas Auscius...........	L. VIII.
Mutatio ad Sextum.........	L. VI.
Mutatio Hungunverro.......	L. VII.
Mutatio Bucconis..........	L. VII.
Mutatio ad Jovem..........	L. VII.
Civitas Tholosa...........	L. VII.
Mutatio ad Nonum..........	M. VIIII.
Mutatio ad Vicesimum......	M. XI.
Mansio Elusione...........	M. VIIII.
Mutatio Sostomago.........	M. VIIII.
Vicus Hebromago...........	M. X.
Mutatio Cedros............	M. VI.
Castellum Carcassone......	M. VIII.
Mutatio Tricensimum.......	M. VIII.
Mutatio Hosverbas.........	M. XV.
Civitas Narbone...........	M. XV.
Civitas Biterris..........	M. XVI.
Mansio Cessarone..........	M. XII.
Mutatio Foro Domiti.......	M. XVIII.
Mutatio Sostantione.......	M. XVII.
Mutatio Ambrosio..........	M. XV.
Civitas Nemauso...........	M. XV.
Mutatio Ponte Ærarium.....	M. XII.
Civitas Arellate..........	M. VIII.

JUSTIFICATIVES.

Fit à Burdigala Arellate usque millia CCCLXXI. Mutationes XXX. Mansiones XI.

Mutatio Arnagine.	M. VIII.
Mutatio Bellinto.	M. X.
Civitas Avenione.	M. V.
Mutatio Cypresseta.	M. V.
Civitas Arausione.	M. XV.
Mutatio ad Lectoce.	M. XIII.
Mutatio Novem Cravis.	M. X.
Mansio Aluno.	M. XV.
Mutatio Vancianis.	M. XII.
Mutatio Umbenno.	M. XII.
Civitas Valentia.	M. VIIII.
Mutatio Cerebelliaca.	M. XII.
Mansio Augusta.	M. X.
Mutatio Daventiaca.	M. XII.
Civitas Dea Vocontiorum.	M. XVI.
Mansio Luco.	M. XII.
Mutatio Vologatis.	M. IX.

Indè ascenditur Gaura mons.

Mutatio Cambono.	M. VIII.
Mansio Monte Seleuci.	M. VIII.
Mutatio Daviano.	VIII.

Mutatio ad Fine. . . . . . . M. XII.
Mansio Vapineo. . . . . M. XI.
Mansio Catorigas.. . . . . . M. XII.
Mansio Hebriduno. . . . . . M. XVI.

Indè incipiunt Alpes Cottiæ.

Mutatio Rame. . . . . M. XVII.
Mansio Byrigantum.. . . . . M. XVII.

Indè ascendis Matronam.

Mutatio Gesdaone. . . . . . M. X.
Mansio ad Marte. . . . . . . M. IX.
Civitas Secussione. . . . . . M. XVI.

Indè incipit Italia.

Mutatio ad duodecimum. . M. XII.
Mansio ad fines. . . . . M. XII.
Mutatio ad octavum.. . . . M. VIII.
Civitas Taurinis.. . . . . . . M. VIII.
Mutatio ad decimum. . . . M. X.
Mansio Quadratis. . . . . . M. XII.
Mutatio Ceste.. . . . . M. XI.
Mansio Rigomago. . . . . . M. VIII.
Mutatio ad medias. . . . . M. X.
Mutatio ad Cottias. . . . . M. XIII.
Mansio Laumello. . . . . . M. XII.

JUSTIFICATIVES.

Mutatio Duriis. . . . . M. VIIII.
Civitas Ticeno. . . . . M. XII.
Mutatio ad decimum. . . . . M. X.
Civitas Mediolanum. . . . . M. X.
Mansio Fluvio Frigido. . . M. XII.

Fit ab Avillato ad Mediolanum usque Mil. CCCLXXV. Mutationes LXIII. Mansiones XXII.

Mutatio Argentia. . . . . . M. X.
Mutatio Ponte Aurioli. . . M. X.
Civitas Vergamo. . . . . . . M. XIII.
Mutatio Tollegatæ. . . . . M. XII.
Mutatio Tetellus. . . . . . M. X.
Civitas Brixa. . . . . M. X.
Mansio ad Flexum. . . . . . M. XI.
Mutatio Beneventum. . . . M. X.
Civitas Verona. . . . . M. X.
Mutatio Cadiano. . . . . . . M. X.
Mutatio Auræos. . . . . . . M. X.
Civitas Vincentia. . . . . . M. XI.
Mutatio ad finem. . . . . . M. XI.
Civitas Patavi. . . . . M. X.
Mutatio ad duodecimum. . M. XII.
Mutatio ad nonum. . . . . . M. XI.

Civitas Altino.............. M. VIIII.
Mutatio Sanos............. M. X.
Civitas Concordia......... M. VIIII.
Mutatio Apicilia.......... M. VIIII.
Mutatio ad undecimum... M. X.
Civitas Aquileia.......... M. XI.

Fit à Mediolano Aquileiam usque, Mil. CCLI. Mutationes XXIV. Mansiones VIIII.

Mutatio ad undecimum... M. XI.
Mutatio ad Fornolus.... M. XII.
Mutatio Castra.......... M. XII.

Indè sunt Alpes Juliæ.

Ad Pirum summas Alpes.. M. VIIII.
Mansio Longatico......... M. XII.
Mutatio ad nonum......... M. VIII.
Civitas Emona............ M. XIII.
Mutatio ad quartodecimo.. M. X.
Mansio Hadrante......... M. XIII.

Fines Italiæ et Norci.

Mutatio ad medias....... M. XIII.
Civitas Celeia........... M. XIII.

JUSTIFICATIVES.   229

Mutatio Lotodas. . . . . M. XII.
Mansio Ragindone.. . . . . . . M. XII.
Mutatio Pultovia. . . . . . M. XII.
Civitas Petovione. . . . . . M. XII.

Transis pontem, intras Pannoniam inferiorem.

Mutatio Ramista. . . . . . . M. VIIII.
Mansio Aqua Viva. . . . . . M. VIIII.
Mutatio Popolis. . . . . . . M. X.
Civitas Jovia.. . . . . M. IX.
Mutatio Sunista. . . . . . . M. IX.
Mutatio Peritur. . . . . . . M. XII.
Mansio Lentolis.. . . . . M. XII.
Mutatio Cardono. . . . . . M. X.
Mutatio Cocconis.. . . . . . . M. XII.
Mansio Serota. . . . . M. X.
Mutatio Bolentia.. . . . . . M. X.
Mansio Maurianis.. . . . . . M. VIIII.

Intras Pannoniam superiorem.

Mutatio Serena. . . . . M. VIII.
Mansio Vereis. . . . . M. X.
Mutatio Jovalia. . . . . . . M. VIII.
Mutatio Mersella. . . . . . M. VIII.

Civitas Mursa. . . . . M. X.
Mutatio Leutuoano. . . . . M. XII.
Civitas Cibalis.. . . . . M. XII.
Mutatio Celena. . . . . . . M. XI.
Mansio Ulmo. . . . . M. XI.
Mutatio Spaneta. . . . . . M. X.
Mutatio Vedulia. . . . . . M. VIII.
Civitas Sirmium. . . . . . . M. VIII.

Fit ab Aquileiâ Sirmium usque Millia CCCCXII. Mansiones XVII. Mutationes XXXVIIII.

Mutatio Fossis.. . . . . M. IX.
Civitas Bassianis. . . . . . M. X.
Mutatio Noviciani. . . . . M. XII.
Mutatio Altina. . . . . M. XI.
Civitas Singiduno. . . . . . M. VIII.

Finis Pannoniæ et Mysiæ.

Mutatio ad Sextum. . . . . M. VI.
Mutatio Tricornia Castra. M. VI.
Mutatio ad Sextum Miliare. . . . . M. VII.
Civitas Aureo Monte. . . M. VI.
Mutatio Vingeio. . . . . . . M. VI.

JUSTIFICATIVES.

Civitas Margo.............. M. IX.
Civitas Viminatio......... M. X.

Ubi Diocletianus occidit Carinum.

Mutatio ad Nonum........ M. IX.
Mansio Municipio......... M. IX.
Mutatio Jovis Pago....... M. X.
Mutatio Bao................ M. VII.
Mansio Idomo............. M. VIIII.
Mutatio ad Octavum...... M. VIIII.
Mansio Oromago.......... M. VIII.

Finis Mysiæ et Daciæ.

Mutatio Sarmatarum..... M. XII.
Mutatio Cametas.......... M. XI.
Mansio Ipompeis.......... M. IX.
Mutatio Rappiana........ M. XII.
Civitas Naisso............. M. XII.
Mutatio Redicibus........ M. XII.
Mutatio Ulmo.............. M. VII.
Mansio Romansiana...... M. IX.
Mutatio Latina............ M. IX.
Mansio Turribus.......... M. IX.
Mutatio Translitis........ M. XII.
Mutatio Ballanstra....... M. X.
Mansio Meldia............ M. IX.

Mutatio Scretisca. . . . . . . M. XII.
Civitas Serdica. . . . . M. XI.

Fit à Sirmio Serdicam usque
Mil. CCCXIIII. Mutationes XXIV.
Mansiones XIII.

Mutatio Extvomne. . . . . M. VIII.
Mansio Buragara. . . . . . . M. IX.
Mutatio Sparata. . . . . . M. VIII.
Mansio Iliga. . . . . M. X.
Mutatio Soneio. . . . . M. IX.

Finis Daciæ et Thraciæ.

Mutatio Ponteucasi. . . . M. VI.
Mansio Bonamans. . . . . . M. VI.
Mutatio Alusore. . . . . . M. IX.
Mansio Basapare. . . . . . M. XII.
Mutatio Tugugero. . . . . M. IX.
Civitas Eilopopuli. . . . . M. XII.
Mutatio Syrnota. . . . . . M. X.
Mutatio Paramuole. . . . M. VIII.
Mansio Cillio. . . . . M. XII.
Mutatio Carassura. . . . M. IX.
Mansio Azzo. . . . . M. XI.
Mutatio Palæ. . . . . M. VII.

JUSTIFICATIVES.

Mansio Castozobra. . . . . M. XI.
Mutatio Rhamis. . . . . . . M. VII.
Mansio Burdista. . . . . . M. XI.
Mutatio Daphabæ. . . . . M. XI.
Mansio Nicæ . . . . M. IX.
Mutatio Tarpodizo . . . . M. X.
Mutatio Urisio. . . . . . . M. VII.
Mansio Virgolis. . . . . . M. VII.
Mutatio Nargo. . . . . . . M. VIII.
Mansio Drizupara. . . . . M. IX.
Mutatio Tipso . . . . M. X.
Mansio Tunorullo. . . . . M. XI.
Mutatio Beodizo. . . . . . M. VIII.
Civitas Heraclia. . . . . . M. IX.
Mutatio Baunne. . . . . . M. XII.
Mansio Salamembria.. . . . M. X.
Mutatio Callum. . . . . . M. X.
Mansio Atyra. . . . . M. X.
Mansio Regio. . . . . M. XII.
Civitas Constantinopoli. . M. XII.

Fit à Serdica Constantinopolim Mil. CCCCXIII. Mutationes XII. Mansiones XX.

Fit omnis summa à Burdigala Constantinopolim vicies bis centena viginti unum milia. Mutationes CCXXX. Mansiones CXII.

Item ambulavimus Dalmatio et Dalmaticei, Zenofilo Cons. III. kal. jun. à Calcidonia.

Et reversi sumus Constantinopolim VII kal. jan. Consule suprascripto.

A Constantinopoli transis pontum, venis Calcedoniam, ambulas provinciam Bithyniam.

MUTATIO NASSETE . . . . M. VII. S.
MANSIO PANDICIA . . . . M. VII. S.
MUTATIO PONTAMUS . . . . . . M. XIII.
MANSIO LIBISSA . . . . M. IX.

Ibi positus est Rex Annibalianus, qui fuit Afrorum.

MUTATIO BRUNGA . . . . M. XII.
CIVITAS NICOMEDIA . . . . . . M. XIII.

JUSTIFICATIVES.   235

Fit à Constantinopoli Nicomédiam usque Mil. VIII. Mutationes VII. Mansiones III.

Mutatio Hyribolum. . . . . M. X.
Mansio Libum. . . . . M. XI.
Mutatio Liada. . . . . M. XII.
Civitas Nicia. . . . . M. VIII.
Mutatio Schinæ. . . . . . . M. VIII.
Mansio Mido. . . . . M. VII.
Mutatio Chogeæ. . . . . . M. VI.
Mutatio Thateso. . . . . . M. X.
Mutatio Tutaio. . . . . . . M. IX.
Mutatio Protunica. . . . . M. XI.
Mutatio Artemis. . . . . . M. XII.
Mansio Dablæ . . . . M. VI.
Mansio Ceratæ . . . . . . M. VI.

Finis Bithyniæ et Galatiæ.

Mutatio Finis. . . . . M. X.
Mansio Dadastan . . . . . M. VI.
Mutatio Transmonte. . . . M. VI.
Mutatio Milia. . . . . M. XI.
Civitas Juliopolis. . . . . . M. VIII.
Mutatio Hycronpotamum . M. XIII.
Mansio Agannia. . . . . . . M. XI.

Mutatio Ipetobrogen. . . . M. VI.
Mansio Mnizos. . . . . . . M. X.
Mutatio Prasmon. . . . . . M. XII.
Mutatio Cenaxepalidem. . M. XIII.
Civitas Anchira Galatia. .

Fit à Nicomediá Anchiram Galatia usque Milia CCLVIII. Mutationes XXVI. Mansiones XII.

Mutatio Delemna. . . . . . M. X.
Mansio Curveunta. . . . . M. XI.
Mutatio Rosolodiaco. . . . M. XII.
Mutatio Aliassum. . . . . M. XIII.
Civitas Arpona. . . . . . . M. XVIII.
Mutatio Galea. . . . . . . M. XIII.
Mutatio Andrapa. . . . . M. IX.

Finis Galatiæ et Cappadociæ.

Mansio Parnasso. . . . . . M. XIII.
Mansio Iogola. . . . . M. XVI.
Mansio Nitalis. . . . . . . M. XVIII.
Mutatio Argustana. . . . M. XIII.
Civitas Colonia. . . . . . M. XVI.
Mutatio Momousson. . . . M. XII.
Mansio Anathiango. . . . M. XII.
Mutatio Chusa . . . . . . M. XII.

JUSTIFICATIVES.

Mansio Sasimam. . . . . M. XII.
Mansio Andavilis. . . . . . . M. XVI.

Ibi est villa Pampali, undè veniunt equi curules.

Civitas Thiana. . . . .

Indè fuit Apollonius magus.

Civitas Faustinopoli. . . . M. XII.
Mutatio Cæna. . . . . M. XIII.
Mansio Opodanda. . . . . . M. XII.
Mutatio Pilas. . . . . M. XIV.

Finis Cappadociæ et Ciliciæ.

Mansio Mansuerine. . . . . M. XII.
Civitas Tharso. . . . . . . M. XII.

Indè fuit Apostolus Paulus.

Fit ab Anchira Galatia Tharson usque Milia CCCXLIII. Mutationes XXV, Mansiones XVIII.

Mutatio Pargais. . . . . . . M. XIII.
Civitas Adana. . . . . M. XIV.
Civitas Mansista. . . . . . M. XVIII.
Mutatio Tardequeia. . . . M. XV.
Mansio Catavolomis. . . . M. XVI.

Mansio Baiæ	M. XVII.
Mansio Alexandria Scabiosa	M. XVI.
Mutatio Pictanus	M. IX.

Fines Ciliciæ et Syriæ.

Mansio Pangrios	M. VIII.
Civitas Antiochia	M. XVI.

Fit à Tharso Ciliciæ Antiochiam Milia CXLI. Mutationes X. Mansiones VII.

Ad palatium Dafne	M. V.
Mutatio Hysdata	M. XI.
Mansio Platanus	M. VIII.
Mutatio Bachaias	M. VIII.
Mansio Cattelas	M. XVI.
Civitas Ladica	M. XVI.
Civitas Gavala	M. XIV.
Civitas Balaneas	M. XIII.

Finis Syriæ Cœlis et Foenicis.

Mutatio Maraccas	M. X.
Mansio Antaradus	M. XVI.

Est civitas in mare à ripa M. II.

Mutatio Spiclin	M. XII.

JUSTIFICATIVES.

Mutatio Basiliscum. . . . . M. XII.
Mansio Arcas. . . . . M. VIII.
Mutatio Bruttus. . . . . . . M. IIII.
Civitas Tripoli. . . . . M. XII.
Mutatio Tridis. . . . . M. XII.
Mutatio Bruttosalia. . . . M. XII.
Mutatio Alcobile. . . . . . M. XII.
Civitas Berito. . . . . M. XII.
Mutatio Heldua. . . . . . . M. XII.
Mutatio Parphirion. . . . . M. VIII.
Civitas Sidona. . . . . M. VIII.

Ibi Helias ad viduam ascendit, et petiit sibi cibum.

Mutatio ad Nonum. . . . . . M. IIII.
Civitas Tyro. . . . . M. XII.

Fit ab Antiochia Tyrum usque Mil. CLXXIIII. Mutationes XX. Mansiones XI.

Mutatio Alexandroschene. M. XII.
Mutatio Ecdeppa. . . . . . . M. XII.
Civitas Ptolemaida. . . . . M. VIII.
Mutatio Calamon. . . . . . M. XII.
Mansio Sicamenos. . . . . . M. III.

*Ibi est mons Carmelus, ibi Helias
sacrificium faciebat.*

Mutatio Certa. . . . . M. VIII.

Fines Syriæ et Palestinæ.

Civitas Cæsarea Palesti-
na, id est, Judæa . . . M. VIII.

*Fit à Tyro Cæsaream Palestinam
Milia LXXIII. Mutationes II. Man-
siones III.*

Ibi est balneus Cornelii centurionis, qui multas eleemosynas faciebat.

In tertio miliario est mons Syna, ubi fons est, in quem si mulier laverit, gravida fit.

Civitas Maxianopoli. . . . M. XVII.
Civitas Stradela . . . . . . M. X.

Ibi sedit Achab rex, et Helias prophetavit.

Ibi est campus, ubi David Goliat occidit.

Civitas Sciopoli. . . . . M. XII.
Aser, ubi fuit villa Job . M. VI.
Civitas Neapoli . . . . M. XV.

Ibi est mons *Agazaren.* Ibi dicunt Sama-

JUSTIFICATIVES.

ritani *Abraham sacrificium* obtulisse, et ascenduntur usque ad summum montem *gradus num. CCC.*

Indè *ad pedem montis* ipsius locus est, cui nomen est *sechim.*

Ibi positum est monumentum, ubi positus est Joseph *in villâ*, quam dedit ei Jacob pater ejus. Indè rapta est Dina filia Jacob, à *filiis Amorræorum.*

Indè passus mille, locus est *cui nomen Sechar*, undè descendit mulier Samaritana ad eundem locum, ubi Jacob puteum fodit, ut de eo *aqua impleret*, et Dominus noster Jesus Christus cum ea loquutus est. Ubi sunt *arbores platani*, quos plantavit Jacob, et balneus qui de eo puteo lavatur.

INDÈ MILLIA XXVIII EUNTIBUS HIERUSALEM.

In parte sinistrâ est villa, quæ dicitur, *Bethar.*

Indè passus mille est locus, ubi Jacob, cum iret in Mesopotamiam, addormivit, et ibi est arbor *amigdala*, et vidit visum, et *Angelus* cum eo luctatus est. Ibi fuit rex Hieroboam, ad quem *missus fuit propheta* ut converteretur ad Deum excelsum : et *jussum fuerat prophetæ*, ut cum pseudopropheta, quem secum Rex habebat, manducaret. Et quia seductus est à pseudopropheta, et cum eo manducavit, rediens occurrit prophetæ leo in via, et occidit eum leo.

INDÈ HIERUSALEM MIL. XII.

Fit à Cæsarea Palestinæ Hierusalem usque Mil. CXVI. Mansiones IV. Mutationes IV.

Sunt in Hierusalem piscinæ magnæ duæ ad latus Templi, id est, una ad dexteram, alia ad sinistram, quas Salomon fecit. *Interius vero civitatis* sunt *piscinæ gemellares*, quinque porticus habentes, quæ appellantur *Betsaida*. Ibi ægri multorum annorum sanabantur. Aquam autem habent eæ piscinæ *in modum coccini turbatam*. Est ibi et cripta *ubi Salomon dæmones* torquebat. Ibi est angulus turris excelsissimæ, ubi Dominus ascendit, et dixit ei is *qui tentabat* eum (*).

(*) Deficiunt hoc loco quæ Matth. c. IV, 6. reperies.

Et ait ci Dominus : non tentabis Dominum Deum tuum, sed illi soli servies. Ibi est lapis angularis magnus, de quo *dictum est*: Lapidem quem reprobaverunt ædificantes. Item ad caput anguli, et sub pinna turris ipsius, sunt cubicula plurima ubi Salomon palatium habebat. Ibi etiam *constat cubiculus*, in quo sedit et sapientiam descripsit: ipse vero cubiculus uno lapide est tectus. Sunt ibi et *excepturia magna* aquæ subterraneæ, et piscinæ magno opere ædificatæ, et in æde ipsâ ubi Templum fuit, quod Salomon ædificavit, in marmore antè aram *sanguinem Zachariae* (*), ibi dicas hodiè fusum. Etiam parent vestigia *clavorum militum* qui eum occiderunt, in totam aream, ut putes in cera fixum esse. Sunt ibi et statuæ *duæ Hadriani*. Est et non longè de statuis *lapis pertusus*, ad quem veniunt Judæi *singulis annis*, et unguent eum, et *lamentant* se cum gemitu, et vestimenta sua scindunt, et sic recedunt. Est ibi et domus Eze-

---

(*) Asteriscus quo hæc signata sunt, deesse aliquid monet ; quanquam si voculam *ibi* tolleres, sana videri possent.

chiæ Regis Judææ. Item exeunti in Hierusalem, ut ascendas Sion, in parte sinistrâ, et deorsùm in valle juxta murum, est piscina, quæ dicitur *Siloa*, *habet quadriporticum*, et alia piscina grandis foras. Hic fons *sex diebus atque noctibus* currit : septimâ verò die est sabathum in totum nec nocte nec die currit. In eâdem ascenditur Sion, et paret *ubi fuit domus Caiphæ* sacerdotis, et *columna adhuc* ibi est, in quâ Christum flagellis ceciderunt. Intus autem intra murum Sion, paret locus ubi palatium habuit David, et *septem synagogæ*, quæ illic fuerunt; una tantum remansit, reliquæ autem *arantur et seminantur*, sicut Isaias propheta dixit. Inde ut eas foris murum de Sione euntibus ad portam Neapolitanam, ad partem dextram, deorsum in valle sunt parietes, ubi domus fuit sive *prætorium Pontii* Pilati. Ibi Dominus auditus est antequam pateretur. A sinistrâ autem parte est *monticulus Golgotha*, ubi Dominus crucifixus est. Inde quasi *ad lapidem missum*, est cripta, ubi corpus ejus positum fuit, et tertiâ die resurrexit. Ibidem *modò jussu Constantini* imperatoris basilica facta est, id est, *Dominicum miræ pulchritudinis*, habens ad latus exceptoria undè aqua levatur, et balneum à tergo, ubi *infantes lavantur*. Item ab Hierusalem euntibus ad portam quæ est contra orientem, ut ascendatur in montem Oliveti, *vallis quæ dicitur* Josaphat ad partem sinistram ubi sunt vineæ. Est et petra, ubi *Juda Scarioth* Christum tradidit. A parte verò dextrâ est arbor palmæ, de quâ infantes ramos tulerunt, et *veniente Christo* substraverunt. Indè non longè quasi ad lapidis missum, sunt monumenta duo (*) *monubiles* miræ pulchritudinis facta. In unum positus est Isaias propheta, *qui est verè monolitus*, et in alium Ezechias rex Judæorum. Indè ascendis in montem Oliveti, ubi Dominus antè passionem Apostolos docuit. Ibi facta est *basilica jussu Constantini*. Indè non longè est *monticulus*, *ubi Dominus* ascendit orare, et apparuit illìc Moyses et Elias, quandò Petrum et Joannem secum duxit. Indè ad *orientem*

(*) Asteriscus defectum videtur indicare. Cæteroqui si post vocem *pulchritudinis* distinguas, non malè cohærent.

passus mille quingentos, est villa quæ appellatur *Bethania*. Est ibi cripta ubi Lazarus positus fuit, quem Dominus suscitavit.

ITEM AB HIERUSALEM IN HIERICO
MIL. XVIII.

Descendentibus montem in parte dextrâ, retro monumentum est *arbor sicomori*, in quam Zachæus ascendit, ut Christum videret. A civitate passus mille quingentos est fons Helisæi prophetæ, antea si qua mulier ex ipsâ aquâ bibebat, *non faciebat natos*. Ad latus est vas fictile Helisæi; misit in eo sales, et venit, et stetit super fontem, et dixit: hæc dicit Dominus; sanavi aquas has; ex eo si qua mulier inde biberit, filios faciet. Supra eundem vero fontem est domus Rachab *fornicariæ*, ad quam exploratores introierunt, et occultavit eos, quando Hiericho *versa est et sola* evasit. Ibi fuit civitas Hiericho, cujus muros gyraverunt cum arcâ Testamenti filii Israel, et ceciderunt muri. Ex eo non paret nisi locus ubi fuit *arca Testamenti et lapides* 12, quos filii Israel de Jordane levaverunt. Ibidem Jesus Filius

JUSTIFICATIVES.

Nave *circumcidit filios Israel*, et circumcisiones eorum sepelivit.

ITEM AB HIERICHO AD MARE MORTUUM, MILLIA NOVEM.

Est aqua ipsius *valdè amarissima*, ubi in totum nullius generis piscis est, nec *aliqua navis*, et si qui hominum miserit se ut natet, ipsa aqua eum versat.

INDE AD JORDANEM UBI DOMINUS A JOANNE BAPTISATUS EST MIL. V.

Ibi est *locus super flumen* monticulus in illâ ripâ, ubi raptus est Helias in cœlum. Item ab Hierusalem euntibus Bethleem *millia quatuor, super strata* in parte dextrâ, est monumentum, ubi Rachel posita est uxor Jacob. Inde millia duo à parte sinistrâ est Bethleem, ubi natus est Dominus noster Jesus Christus; *ibi basilica* facta est jussu Constantini. Inde non longe est *monumentum Ezechiel*, Asaph, Job et Jesse, David, Salomon, et habet in ipsâ criptâ ad latus deorsum descendentibus, *Hebræis scriptum* nomina superscripta.

INDÈ BETHASORA MIL. XIV.

Ubi est fons, in quo Philippus Eunuchum baptisavit.

INDÈ THEREBINTO MIL. IX.

Ubi *Abraham habitavit*, et *puteum fodit* sub arbore Therebinto, et cùm angelis locutus est, et cibum sumpsit. *Ibi basilica* facta est jussu Constantini miræ pulchritudinis.

INDÈ THEREBINTO CEBRON MIL. II.

Ubi est *memoria* per quadrum ex lapidibus miræ pulchritudinis, *in quâ positi* sunt Abraham, Isaac, Jacob, Sarra, Rebecca et Lia.

ITEM AB HIEROSOLYMA SIC.

CIVITAS NICOPOLI. . . . . . . M. XXII.
CIVITAS LIDDA. . . . . M. X.
MUTATIO ANTIPATRIDA. . . . M. X.
MUTATIO BETTHAR. . . . . . M. X.
CIVITAS CÆSAREA. . . . . . M. XVI.

Fit omnis summa Constantinopoli usque Hierusalem Mil. undecies centena LXIIII mil. Mutationes LXVIIII. Mansiones LVIII.

Item per Nicocolim Cæsaream mil. LXXIII. S. Mutationes V. Mansiones III.

Item ab Heraclea per Macedoniam Mut. aerea Mil. XVI.

Mansio Registo. . . . . M. XII.
Mutatio Bediso. . . . . M. XII.
Civitas Apris. . . . . M. XII.
Mutatio Zesutera. . . . . . M. XII.

Finis Europæ et Rhodopeæ.

Mansio Sirogellis. . . . . . M. X.
Mutatio Drippa. . . . . . . M. XIIII.
Mansio Gipsila. . . . . M. XII.
Mutatio Demas. . . . . M. XII.
Civitas Trajanopoli . . . . M. XIII.
Mutatio Adunimpara. . . . M. VIII.
Mutatio Salei. . . . . M. VII. S
Mutatio Melalico. . . . . . M. VIII.

Mansio Berozica. . . . . . . M. XV.
Mutatio Breierophara. . . M. X.
Civitas Maximianopoli. . . M. X.
Mutatio Adstabulodio. . . M. XII.
Mutatio Rumbodona. . . . . M. X.
Civitas Epyrum. . . . . M. X.
Mutatio Purdis. . . . . M. VIII.

Finis Rhodopeæ et Macedoniæ.

Mansio Hercontroma. . . . M. IX.
Mutatio Neapolim. . . . . . M. IX.
Civitas Philippis. . . . . . . M. X.

Ubi Paulus et Sileas in carcere fuerunt.

Mutatio ad duodecim. . . . M. XII.
Mutatio Domeros. . . . . . M. VII.
Civitas Amphipolim. . . . . M. XIII.
Mutatio Pennana. . . . . . . M. X.
Mutatio Peripidis. . . . . . M. X.

Ibi positus est Euripides poeta.

Mansio Apollonia. . . . . . M. XI.
Mutatio Heracleustibus. . M. XI.
Mutatio Duodea. . . . . . . M. XIV.

JUSTIFICATIVES.

Civitas Thessalonica. . . . M. XIII.
Mutatio ad decimum. . . . M. X.
Mutatio Gephira. . . . . . M. X.
Civitas Pelli, undè fuit Alexander magnus Macedo. . . . . , ... M. X.
Mutatio Scurio. . . . . M. XV.
Civitas Edissa. . . . . M. XV.
Mutatio ad duodecimum. . M. XII.
Mansio Cellis. . . . . M. XVI.
Mutatio Grande. . . . . . . M. XIV.
Mutatio Melitonus. . . . . M. XIV.
Civitas Heraclea. . . . . . M. XIII.
Mutatio Parambole. . . . M. XII.
Mutatio Brucida. . . . . . . M. XIX.

Finis Macedoniæ et Epyri.

Civitas Cledo. . . . . M. XIII.
Mutatio Patras. . . . . . . M. XII.
Mansio Claudanon. . . . . . M. IIII.
Mutatio in Tabernas. . . . M. IX.
Mansio Granda Via. . . . . M. IX.
Mutatio Trajecto. . . . . . M. IX.
Mansio Hiscampis. . . . . . M. IX.
Mutatio ad Quintum. . . . M. VI.

Mansio Coladiana. . . . . . M. XV.
Mansio Marusio. . . . . . . M. XIII.
Mansio Absos. . . . . M XIV.
Mutatio Stefanafana. . . M. XII.
Civitas Apollonia. . . . . M. XVIII.
Mutatio Stefana. . . . . . M. XII.
Mansio Aulona Trajectum. M. XII.

Fit omnis summa ab Heraclea per Macedoniam Aulona usque M.DCLXXVIII. Mutationes LVIII. Mansiones XXV.

Trans mare stadia mille. Quod facit millia centum.

ET VENIS ODRONTO MANSIONES MILLE PASSUS.

Mutatio ad duodecimum. . M. XIII.
Mansio Clipeas. . . . . . . M. XII.
Mutatio Valentia. . . . . M. XIII.
Civitas Brindisi. . . . . . M. XI.
Mansio Spitenaees. . . . . M. XIIII.
Mutatio ad decimum. . . . M. XI.
Civitas Leonatiæ. . . . . M. X.
Mutatio Turres Aurilia-
nas. . . . . M. XV.

JUSTIFICATIVES.

Mutatio Turres Juliana. . M. IX.
Civitas Beroes. . . . . M. XI.
Mutatio Botontones. . . . M. XI.
Civitas Rubos. . . . . M. XI.
Mutatio ad quintum deci-
    mum. . . . . M. XV.
Civitas Canusio. . . . . M. XV.
Mutatio undecimum. . . . M. XI.
Civitas Serdonis. . . . . . . M. XV.
Civitas Aecas. . . . . M. XVIII.
Mutatio Aquilonis. . . . . . M. X.

Finis Apuliæ et Campaniæ.

Mansio ad Equum magnum . M. VIII.
Mutatio vicus forno novo. M. XII.
Civitas Benevento. . . . . . M. X.
Civitas et Mansio Claudiis. M. XII.
Mutatio novas. . . . . M. IX.
Civitas Capua. . . . . M. XII.

Fit summa ab Aulona usque Capuam Mil. CCLXXXIX. Mutationes XXV. Mansiones XIII.

Mutatio ad octavum. . . . M. VIII.
Mutatio Ponte Campano. . M. IX.

Civitas Sonuessa. . . . . . . M. IX.
Civitas Menturnas. . . . . M. IX.
Civitas Formis. . . . . M. IX.
Civitas Fundis. . . . . M. XII.
Civitas Terracina. . . . . . M. XIII.
Mutatio ad Medias. . . . . M. X.
Mutatio Appi foro. . . . . M. IX.
Mutatio Sponsas. . . . . . . M. VII.
Civitas Aricia et Albona. M. XIIII.
Mutatio ad nono. . . . . . . M. VII.
In Urbe Roma. . . . . M. IX.

Fit à Capua usque ad urbem Romam Mil. CXXXVI. Mutationes XIV. Mansiones IX.

Fit ab Heraclea per Aulonam in urbem Romam usque mil. undecies centena XIII. Mutationes XVII. Mansiones XLVI.

AB URBE MEDIOLANUM.

Mutatio Rubras. . . . . . . M. IX.
Mutatio ad Vicencimum. . M. XI.
Mutatio Aqua viva. . . . . M. XII.
Civitas Vericulo. . . . . . . M. XII.

JUSTIFICATIVES.

Civitas Narniæ. . . . . M. XII.
Civitas Interamna. . . . . . M. IX.
Mutatio tribus Tabernis. . M. III.
Mutatio Fani fugitivi. . . M. X.
Civitas Spolitio. . . . . . M. VII.
Mutatio Sacraria. . . . . M. VIII.
Civitas Trevis. . . . . . . M. IV.
Civitas Fulginis. . . . . . M. V.
Civitas Foro Flamini. . . M. III.
Civitas Noceria. . . . . . M. XII.
Civitas Ptanias . . . . . . M. VIII.
Mansio Herbelloni. . . . . M. VII.
Mutatio Adhesis. . . . . . M. X.
Mutatio ad Cale. , ... M. XIV.
Mutatio Intercisa. . . . . M. IX.
Civitas Foro Simproni. . . M. IX.
Mutatio ad octavum. . . . M. IX.
Civitas Fano Fortunæ. . . M. VIII.
Civitas Pisauro. . . . . . M. XXIV.

Usque Ariminum.

Mutatio Conpetu. . . . . . M. XII.
Civitas Cesena. . . . . . . M. VI.
Civitas Foropopuli. . . . M. VI.
Civitas Forolivi. . . . . . M. VI.

Civitas Faventia. . . . . . M. V.
Civitas Forocorneli. . . . M. X.
Civitas Claterno. . . . . M. XIII.
Civitas Bononia. . . . . . M. X.
Mutatio ad Medias. . . . M. XV.
Mutatio Victuriolas. . . M. X.
Civitas Mutena. . . . . . . M. III.
Mutatio Ponte Secies. . . M. V.
Civitas Regio. . . . . M. VIII.
Mutatio Canneto. . . . . M. X.
Civitas Parmæ. . . . . . . M. VIII.
Mutatio ad Turum. . . . M. VII.
Mansio Fidentiæ. . . . . . M. VIII.
Mutatio ad Fonteclos. . . M. VIII.
Civitas Placentia. . . . . M. XIII.
Mutatio ad Rota. . . . . M. XI.
Mutatio Tribus Tabernis . M. V.
Civitas Laude. . . . . M. VIIII.
Mutatio ad nonum. . . . . M. VII.
Civitas Mediolanum. . . . M. VII.

Fit omnis summa ab urbe Romá Mediolanum usque Mille CCCCXVI. Mutationes XLII. Mansiones XXIIII.

JUSTIFICATIVES.

EXPLICIT ITINERARIUM.

EX EODEM V. C. DE VERBIS GALLIC.

Lugdunum, Desideratum-Montem.

Aremorici, ante mare, are, ante; More dicunt Mare, et ideo Morini Marini.

Arverni, ante obsta.

Rhodanum, violentum. Nam Rho nimium, Dan judicem, hoc et Gallicè, hoc et Hebraice dicitur.

DISSERTATION

SUR L'ÉTENDUE

DE L'ANCIENNE JÉRUSALEM,

Par M. D'ANVILLE.

N°. III.

DISSERTATION

SUR L'ÉTENDUE

DE L'ANCIENNE JÉRUSALEM

ET DE SON TEMPLE,

ET SUR LES MESURES HÉBRAÏQUES DE LONGUEUR.

Les villes qui tiennent un rang considérable dans l'histoire, exigent des recherches particulières sur ce qui les regarde dans le détail; et on ne peut disconvenir que Jérusalem ne soit du nombre de celles qui méritent de faire l'objet de notre curiosité. C'est ce qui a engagé plusieurs savans à traiter ce sujet fort amplement, et dans toutes ses circonstances; en cherchant à retrouver les différens quartiers de cette ville, ses édifices publics, ses portes, et presque généralement tous les lieux dont on trouve quelque mention dans les livres saints et autres monumens de l'antiquité. Quand même les recherches de ces savans ne paroîtroient pas suivies partout d'un parfait succès, leur zèle n'en mérite pas moins des éloges et de la reconnoissance.

Ce qu'on se propose principalement dans cet écrit, est de fixer l'étendue de cette ville, sur laquelle on ne trouve encore rien de bien déterminé, et qui semble même en général fort exagérée. L'emploi du local devoit en décider; et c'est parce qu'on l'a négligé, que ce point est demeuré à discuter. S'il est difficile, et comme impossible de s'éclaircir d'une manière satisfaisante sur un grand nombre d'articles de détail concernans la ville de Jérusalem; ce que nous mettons ici en question peut être excepté, et se trouve susceptible d'une grande évidence.

Pour se mettre à portée de traiter cette matière avec précision, il faut commencer par reconnoître ce qui composoit l'ancienne Jérusalem. Cet examen ne laissera aucune incertitude dans la distinction entre la ville moderne de Jérusalem et l'ancienne. L'enceinte de celle-ci paroîtra d'autant mieux déterminée, que la disposition naturelle des lieux en fait juger infailliblement. C'est dans cette vue que nous insérons ici le calque très-fidèle d'un plan actuel de Jérusalem, levé vraisemblablement par les soins de M. Deshayes, et qui a été publié dans la relation du Voyage qu'il entreprit au Levant en 1621, en conséquence des commissions dont il étoit chargé par le roi Louis XIII auprès du Grand-Seigneur. Un des articles de ces commissions étant de maintenir les religieux latins dans la possession des Saints-Lieux de la Palestine, et d'établir un consul à Jérusalem, il n'est pas surprenant qu'un pareil plan se rencontre plutôt dans ce Voyage que dans tout autre. L'enceinte actuelle de la ville, ses rues, la topographie du sol, sont exprimées dans ce plan, et mieux que partout ailleurs que je sache. Nous n'admettons dans notre calque, pour plus de netteté, ou moins de distraction à l'égard de l'objet principal, que les circonstances qui intéressent particulièrement la matière de cette Dissertation. L'utilité, la nécessité même d'un plan en pareil sujet, sont une juste raison de s'étonner qu'on n'ait encore fait aucun usage de celui dont nous empruntons le secours.

I. Discussion des Quartiers de l'ancienne Jérusalem.

Josephe nous donne une idée générale de Jérusalem, en disant (liv. VI de la Guerre des Juifs, ch. 6.) que cette ville étoit assise sur deux collines, en face l'une de l'autre, et séparées par une vallée : que ce qui étoit appelé la Haute-Ville occupoit la plus étendue ainsi que la plus élevée de ces collines, et celle que l'avantage de sa situation avoit fait choisir par David pour sa forteresse ; que l'autre colline, nommée Acra, servoit d'assiette à la Basse-Ville. Or, nous voyons que la montagne de Sion, qui est la première des deux collines, se distingue encore parfaitement sur le plan. Son escarpement plus marqué regarde le midi et l'occident, étant formé par une profonde ravine, qui dans l'Ecriture est nommée Ge-ben-Hinnom, ou la Vallée-des-Enfans-d'Hinnom. Ce vallon courant du couchant au levant, rencontre à l'extrémité du mont de Sion, la vallée de Kedron, qui s'étend du nord au sud. Ces circonstances locales, et dont la nature même décide, ne prennent aucune part aux changemens que le temps et la fureur des hommes ont pu apporter à la ville de Jérusalem. Et par là nous sommes assurés des limites de cette ville dans la partie que Sion occupoit. C'est le côté qui s'avance le plus vers le midi; et non-seulement on est fixé de manière à ne pouvoir s'étendre plus loin de ce côté-là, mais encore l'espace que l'emplacement de Jérusalem peut y prendre en largeur, se trouve déterminé d'une part, par la pente ou l'escarpement de Sion qui regarde le couchant, et de l'autre, par son extrémité opposée vers Cédron et l'orient. Celui des murs de Jérusalem que Josephe appelle le plus ancien, comme étant attribué à David et à Salomon, bordoit la crête du rocher, selon le témoignage de cet historien. A quoi se rapportent aussi ces paroles de Tacite, dans la description qu'il fait de Jérusalem (Hist. liv. V, ch. 11.) *Duos colles, immensùm editos, claudebant muri.... extrema rupis abrupta.* D'où il suit que le contour de la montagne sert encore à indiquer l'ancienne enceinte, et à la circonscrire.

La seconde colline s'élevoit au nord de Sion, faisant face par son côté oriental au mont Moria, sur lequel le Temple étoit assis, et dont cette colline n'étoit séparée que par une cavité; que les Hasmonéens comblèrent en partie, en rasant le sommet d'Acra, comme on l'apprend de Josephe (au même endroit que ci-dessus). Car, ce sommet ayant vue sur le Temple, et en étant très-voisin, selon que Josephe s'en explique, Antiochus-Epiphanès y avoit construit une forteresse, pour brider la ville et incommoder le Temple; laquelle forteresse ayant garnison Grecque ou Macédonienne, se soutint contre les Juifs jusqu'au temps de Simon, qui la détruisit, et applanit en même temps la colline. Comme il n'est même question d'Acra que depuis ce temps-là, il y a toute apparence que ce nom n'est autre chose que le mot grec Ἄκρα, qui signifie un lieu élevé, et qui se prend quelquefois aussi pour une forteresse, de la même manière que nous y avons souvent employé le terme de Roca, la Roche. D'ailleurs, le terme d'Hakra, avec aspiration, paroît avoir été propre aux Syriens, ou du moins adopté par eux, pour désigner un lieu fortifié. Et dans la Paraphrase Chaldaïque (Samuel. liv. II, ch. 2, v. 7.) Hakra-Dsiun est la forteresse de Sion. Josephe donne une idée de la figure de la colline dans son assiette, par le terme d'ἀμφίκυρτος; lequel selon Suidas, est propre à la lune dans une de ses phases entre le croissant et la pleine lune, et selon Martianus-Capella, entre la demi-lune et la pleine. Une circonstance remarquable dans le plan qui nous sert d'original, est un vestige de l'éminence principale d'Acra entre Sion et le Temple; et la circonstance est d'autant moins équivoque, que sur le plan même, en tirant vers l'angle sud-ouest du Temple, on a eu l'attention d'écrire lieu-haut.

3.   34

Le mont Moria, que le Temple occupoit, n'étant d'abord qu'une colline irrégulière, il avoit fallu pour étendre les dépendances du Temple sur une surface égale, et augmenter l'aire du sommet, en soutenir les côtés, qui formoient un carré, par d'immenses constructions. Le côté oriental bordoit la vallée de Cédron, dite communément de Josaphat, et très-profonde. Le côté du midi, dominant sur un terrain très-enfoncé, étoit revêtu de bas en haut d'une forte maçonnerie, et Josephe ne donne pas moins de trois cents coudées d'élévation à cette partie du Temple : de sorte même que pour sa communication avec Sion, il avoit été besoin d'un pont, comme le même auteur nous en instruit. Le côté occidental regardoit Acra, dont l'aspect pour le Temple est comparé à un théâtre par Josephe. Du côté du nord, un fossé creusé, τάφρος δ'ἐ ὀρώρυκτο, dit notre historien, séparoit le Temple d'avec une colline nommée Bezetha, qui fut dans la suite jointe à la ville par une agrandissement de son enceinte. Telle est la disposition générale du mont Moria dans l'étendue de Jérusalem.

La fameuse tour Antonia flanquoit l'angle du Temple qui regardoit le N. O. Assise sur un rocher, elle avoit d'abord été construite par Hyrcan, premier du nom ; et appelée Βάρεις, terme grec selon Josephe, mais que saint Jérôme dit avoir été commun dans la Palestine, et jusqu'à son temps, pour désigner des maisons fortes et construites en forme de tours. Celle-ci reçut de grands embellissemens de la part d'Hérode, qui lui fit porter le nom d'Antoine son bienfaiteur; et avant l'accroissement de Bezetha, l'enceinte de la ville ne s'étendoit pas au-delà du côté du nord. Il faut même rabaisser un peu vers le sud, à une assez petite distance de la face occidentale du Temple, pour exclure de la ville le Golgotha ou Calvaire, qui étant destiné au supplice des criminels, n'étoit point compris dans l'enceinte de la ville. La piété des Chrétiens n'a souffert en aucun temps que ce lieu demeurât inconnu, même avant le règne du grand Constantin. Car, l'auroit-il été à ces Juifs convertis au Christianisme, que saint Epiphane dit avoir repris leur demeure dans les débris de Jérusalem, après la destruction de cette ville par Tite, et qui y menèrent une vie édifiante? Constantin, selon le témoignage d'Eusèbe, couvrit le lieu même d'une Basilique l'an 326, de laquelle parle très-convenablement à ce témoignage l'auteur de l'*Itinerarium à Burdigala Hierusalem usque*, lui qui étoit à Jérusalem en 333, suivant le consulat qui sert de date à cet Itinéraire: *ibidem modò jussu Constantini Imperatoris, Basilica facta est, id est Dominicum, miræ pulchritudinis.* Et bien qu'au commencement du onzième siècle, Almansorhakimbillâ, kalife de la race des Fatimides d'Egypte, eût fait détruire cette église, pour ne vouloir tolérer la supercherie du prétendu feu saint des Grecs la veille de Pâques; cependant l'empereur grec Constantin-Monomaque acquit trente-sept ans après, et en 1048, du petit-fils de Hakim, le droit de réédifier la même église; et il en fit la dépense, comme on l'apprend de Guillaume, archevêque de Tyr, (liv. I, ch. 7.)

D'ailleurs, la conquête de Jérusalem par Godefroi de Bouillon en 1099, ne laisse pas un grand écoulement de temps depuis l'accident dont on vient de parler. Or, vous remarquerez que les circonstances précédentes qui concernent l'ancienne Jérusalem n'ont rien d'équivoque, et sont aussi décisives que la disposition du mont de Sion du côté opposé.

Il n'y a aucune ambiguité à l'égard de la partie orientale de Jérusalem. Il est notoire et évident, que la vallée de Cédron servoit de bornes à la ville, sur la même ligne ou à peu près que la face du Temple tournée vers le même côté, décrivoit au bord de cette vallée. On sait également à quoi s'en tenir pour le côté occidental de la ville, quand on considère sur le plan du local, que l'élévation naturelle du terrain, qui borne l'étendue de Sion de ce côté-là comme vers le midi, continue, en se prolongeant vers le nord, jusqu'à la hauteur du Temple. Et il n'y a aucun lieu de douter, que ce prolongement de pente, qui commande sur un vallon au-dehors de la ville, ne soit le côté d'Acra contraire à celui qui regarde le Temple. La situation avantageuse que les murs de la ville conservent sur l'escarpement, justifie pleinement cette opinion. Elle est même appuyée du témoignage formel de Brocardus, religieux dominicain, qui étoit en Palestine l'an 1283, comme il nous l'apprend dans la description qu'il a faite de ce pays. C'est à la partie occidentale de l'enceinte de Jérusalem prolongée depuis Sion vers le nord, que se rapportent ces paroles tirées de la Description spéciale de cette ville : *Vorago seu vallis, quæ proce-*

debat versus aquilonem, faciebatque fossam civitatis juxtà longitudinem ejus, usque ad plagam aquilonis; et super eam erat intrinsecùs rupes eminens, quam Josephus Acram appellat, quæ sustinebat murum civitatis superpositum, cingentem ab occidente civitatem, usque ad portam Ephraïm, ubi curvatur contra orientem. Cet exposé de la part d'un auteur qui a écrit en vertu des connoissances qu'il avoit prises sur le lieu même, est parfaitement conforme à ce que la représentation du terrain, par le plan qui en est donné, vient de nous dicter : *rupes imminens voragini, sive fossæ, procedenti versus aquilonem, sustinebat murum civitatis, cingentem eam ab occidente, usque dùm curvatur versus orientem.* En voilà suffisamment pour connoître les différens quartiers qui composoient l'ancienne Jérusalem, leur assiette et situation respective.

II. Enceinte de l'ancienne Jérusalem.

Le détail dans lequel Josephe est entré des diverses murailles qui enveloppoient Jérusalem, renferme des circonstances qui achèvent de nous instruire sur l'enceinte de cette ville.

Cet historien distingue trois murailles différentes. Celle qu'il nomme la plus ancienne, couvroit non-seulement Sion à l'égard des dehors de la ville, mais elle séparoit encore cette partie d'avec la ville inférieure ou Acra. Et c'est même par cet endroit que Josephe entame la description de cette muraille. Il dit, que la tour nommée Hippicos, appuyant le côté qui regardoit le nord, ἀρχόμενον δὲ κατὰ βόρεαν ἀπὸ τῦ Ἱππικῦ, *incipiens ad boream ab Hippico*; elle s'étendoit de là jusqu'au portique occidental du Temple, par où nous devons entendre, comme le plan en fait juger, son angle sud-ouest. On voit clairement, que cette partie de muraille fait une séparation de la Haute-Ville d'avec la Basse. Elle paroît répondre à l'enceinte méridionale de la ville moderne de Jérusalem, qui exclut Sion; ensorte qu'il y a tout lieu de présumer que la tour Hippicos, dont on verra par la suite que la position nous importe, étoit élevée vers l'angle sud-ouest de l'enceinte actuelle de Jérusalem. Si on en croit plusieurs relations, cette enceinte est un ouvrage de Soliman, qui en 1520 succéda à son père Sélim, auquel les Turcs doivent la conquête de la Syrie et de l'Egypte. Cependant el-Edrisi, qui écrivoit sa Géographie pour Roger I, roi de Sicile, mort en 1151, représente Jérusalem dans un état conforme à celui d'aujourd'hui, en disant qu'elle s'étend en longueur d'occident en orient. Il exclut même formellement de son enceinte le mont de Sion; puisqu'aux termes de sa description, pour aller à un Temple où les Chrétiens prétendoient dès-lors que Jésus-Christ avoit célébré la Cène, et qui est situé sur ce mont, il faut sortir de la ville par une porte dite de Sion, *Bab-Seihun*, ce qui s'accorde à l'état actuel de Jérusalem. Benjamin de Tudèle, dont le Voyage est daté de l'an 1173, remarque qu'il n'y avoit alors d'autre édifice entier sur le mont de Sion que cette église. Et ce qui se lit dans le Voyage fait par Willebrand d'Oldenbourg en 1211, à l'égard du mont de Sion : *Nunc includitur muris civitatis, sed tempore Passionis Dominicæ excludebatur*, doit être pris au sens contraire, quand ce ne seroit que par rapport à ce dernier membre, *excludebatur tempore Passionis.* Il est très-vraisemblable, en général, que dans les endroits où les parties de l'ancienne enceinte prennent quelque rapport à l'enceinte moderne, la disposition des lieux, les vestiges même d'anciens fondemens, ayant déterminé le passage de cette enceinte moderne, elle nous indique par conséquent la trace de l'ancienne. Il y a même une circonstance particulière qui autorise cette observation générale, pour la séparation de Sion d'avec Acra. C'est ce coude rentrant à l'égard de Sion, que vous remarquerez sur le plan, en suivant l'enceinte actuelle et méridionale de la ville de Jérusalem, dans la partie plus voisine de l'emplacement du Temple ou du mont Moria. Car, si l'on y prend garde, ce n'est en effet que de cette manière que le quartier de Sion pouvoit être séparé d'Acra; puisque, comme nous l'avons observé en parlant d'Acra, l'endroit marqué lieu-haut sur le plan, et duquel le coude dont il s'agit paroît dépendre, désigne indubitablement une partie de l'éminence qui portoit le nom d'Acra, et vraisemblablement celle qui dominoit davantage, et qui par conséquent se distinguoit le plus d'avec Sion.

Josephe ayant décrit la partie septentrionale de l'enceinte de Sion, depuis la tour Hippicos jusqu'au Temple, la reprend à cette tour, pour la conduire par l'occident, et ensuite nécessairement par le midi, jusque vers la fontaine de Siloë. Cette fontaine est dans le fond d'une ravine profonde, qui coupe la partie inférieure de Sion prolongée jusque sur le bord de la vallée de Cedron, et qui la sépare d'avec une portion de la ville située le long de cette vallée jusqu'au pied du Temple. A cette ravine venoit aboutir l'enfoncement ou vallon, qui distinguoit le mont de Sion d'avec la colline d'Acra, et que Josephe appelle τῶν Τυροποιῶν, *caseariorum*, ou des fromagers. Edrisi fait mention de ce vallon, et très-distinctement, disant qu'à la sortie de la porte dont il a fait mention sous le nom de Sion, on descend dans un creux (*in fossam*, selon la version des Maronites) qui se nomme, ajoute-t-il, la vallée d'Enfer, et dans laquelle est la fontaine Seluan (ou Siloan.) Cette fontaine n'étoit pas renfermée dans l'enceinte de la ville: saint Jérôme nous le fait connoître par ces paroles (*in Matth.* 23, 25.) *in portarum exitibus, quæ Siloam ducunt*. Le vallon dans l'enfoncement duquel est Siloë, remontant du sud-est au nord-ouest, Josephe doit nous paroître très-exact lorsqu'il dit, que la muraille qui domine sur la fontaine de Siloë, court d'un côté vers le midi, et de l'autre vers l'orient. Car c'est ainsi, selon le plan même du local, et presque à la rigueur, que cette muraille suivoit le bord des deux escarpemens qui forment la ravine. L'Itinéraire de Jérusalem s'explique convenablement sur la fontaine de Siloë: *Deorsum in valle, juxtà murum, est piscina, quæ dicitur Siloa*. Remarquons même la mention qui est faite de ce mur dans un écrit de l'âge du grand

Constantin. On en peut inférer que le rétablissement de Jérusalem, après la destruction de cette ville par Tite, rétablissement qu'on sait être l'ouvrage d'Adrien, sous le nouveau nom d'*Ælia-Capitolina*, s'étendit à Sion comme au reste de la ville. De sorte, que la ruine de Sion telle qu'elle paroît aujourd'hui, ne peut avoir de première cause que dans ce que souffrit cette ville de la part de Chosroès, roi de Perse, qui la prit en 614. Ce seroit donc à tort qu'on prendroit à la lettre ce qu'a dit Abulpharage (Dinast. 7.) que l'Ælia d'Adrien étoit auprès de la Jérusalem détruite. Cela ne doit signifier autre chose, sinon que l'emplacement de cette ville, conforme à son état présent du temps de cet historien, et depuis l'établissement du Mahométisme, ne répond pas exactement à celui d'un âge plus reculé. Il ne faut pas imaginer, que l'usage du nom d'Ælia employé par Abulpharage, se renferme étroitement dans la durée de la puissance romaine, puisque les écrivains orientaux emploient quelquefois la dénomination d'Ilia pour désigner Jérusalem.

Mais, pour reprendre la trace du mur à la suite de Siloë, ce mur étoit prolongé au travers d'Ophla, venant aboutir et se terminer à la face orientale du Temple, ce qui nous conduit en effet à son angle entre l'orient et le midi. Il est mention d'Oph'l ou Ophel en plusieurs endroits de l'Ecriture. Ce terme est même employé métaphoriquement; mais sans qu'on puisse décider par le sens de la phrase du texte original, s'il signifie plutôt présomption ou orgueil, qu'aveuglement. Les commentateurs sont partagés, les uns voulant qu'Ophel désigne un lieu élevé, les autres un lieu profond. La contrariété de cette interprétation n'a au reste rien de plus extraordinaire que ce qu'on observera dans l'usage du mot latin *altus*, qui s'emploie quelquefois pour profondeur comme pour élévation. La version grecque (*Reg.* IV, 5, 24) a traduit Ophel σκοτεινὴν, lieu couvert et pour ainsi dire ténébreux; et en effet, si l'on remarque qu'Ophla dans Josephe, se rencontre précisément au passage de la muraille dans ce terrain si profond, sur lequel il a été dit en parlant du mont Moria, que dominoit la face méridionale du Temple, on ne pourra disconvenir que l'interprétation du nom d'Ophel comme d'un lieu enfoncé, ne soit justifiée par une circonstance de cette nature, et hors de toute équivoque.

L'emplacement que prend Ophel paroîtra convenable à ce que dit Josephe (liv VI de la Guerre, ch. 7.) parlant des factions ou partis qui tenoient Jérusalem divisée; savoir, que l'un de ces partis occupoit le Temple, et Ophla et la vallée de Cédron. Dans les Paralipomènes (II. 33. 14.), le roi Manassé est dit avoir renfermé Ophel dans l'enceinte de la ville; ce qui est d'autant plus remarquable qu'il s'ensuivroit que la cité de David n'avoit point jusque-là excédé les limites naturelles de la montagne de Sion, qui est réellement bornée par la ravine de Siloë. Voici la traduction littérale du texte: *Ædificavit murum exteriorem civitati David, ab occidente Gihon, in torrente, procedendo usque ad portam Piscium, et circuivit Ophel, et munivit cum*. Ces paroles, *murum exteriorem civitati David*, feroient allusion à la conséquence que l'on vient de tirer de l'accroissement d'Ophel, *circuivit. Gihon*, selon les commentateurs, est la même chose que Siloë; et en ce cas *ab occidente* doit s'entendre depuis ce qui est au couchant de Siloë, c'est-à-dire depuis Sion, dont la position est véritablement occidentale à l'égard de cette fontaine, jusqu'au bord du torrent, *in torrente*, lequel il est naturel de prendre pour celui de Cédron. Je ne vois rien que la disposition du lieu même puisse approuver davantage que cette interprétation, laquelle nous apprend à mettre une distinction entre ce qui étoit proprement Cité de David, et ce qui a depuis été compris dans le même quartier de Sion. Nous avons donc suivi la trace de l'enceinte qui renfermoit ce quartier tout entier, et avec ce qui en dépendoit jusqu'au pied du Temple.

Le second mur dont parle Josephe n'intéresse point notre sujet, par la raison qu'il étoit renfermé dans la ville même. Il commençoit à la porte appelée Genath, ou des Jardins, comme ce mot peut s'interpréter; laquelle porte étoit ouverte dans le premier des murs, ou celui qui séparoit Sion d'avec Acra. Et ce second mur s'avançant vers la partie septentrionale de la ville, se reployoit sur la tour Antonia, où il venoit aboutir. Donc, ce mur n'étoit qu'une coupure dans l'étendue d'Acra, appuyée d'un côté sur le mur de Sion, de l'autre sur la tour qui couvroit l'angle nord-ouest du Temple. La trace de ce mur pourroit répondre à une ligne ponctuée, que l'on trouvera tracée sur le plan dans l'espace qu'Acra occupe. Il est naturel de croire, qu'il n'existoit que parce qu'il avoit précédé un mur ultérieur, ou tel que celui qui donne plus de grandeur au quartier d'Acra, et dont il nous reste à parler. J'ajoute seulement, que c'est à ce mur moins reculé qu'il convient de s'attacher par préférence, si l'on veut suivre le détail de la réédification de l'enceinte de Jérusalem par Néhémie ; étant plus vraisemblable d'attribuer aux princes Hasmonéens, et au temps même de la plus grande prospérité de leurs affaires, l'ouvrage d'un nouveau mur qui double celui-là, et qui embrasse plus d'espace.

Le troisième mur qui, joint au premier, achevera la circonscription de l'enceinte de Jérusalem, se prend, en suivant Josephe, à la tour Hippicos. La description de la première muraille nous a déjà servi à connoître le lieu de cette tour. Ce que le même historien dit de la muraille dont il s'agit à présent, confirme cet emplacement. Commençant donc à la tour Hippicos, cette muraille s'étendoit en droiture vers le septentrion jusqu'à une autre tour fort considérable, nommée Psephina. Or, nous voyons encore, que l'enceinte actuelle de Jérusalem conservant l'avantage d'être élevée sur la pente de la colline qui servoit d'assiette à la Basse-Ville ancienne, s'étend du midi au septentrion depuis l'angle boréal de Sion, où il convient de placer l'Hippicos, jusqu'au château qu'on nomme des Pisans. La tour Psephina, selon que Josephe en parle ailleurs, ne cédoit à aucune de celles qui entroient dans les fortifications de Jérusalem. Le Castel-Pisano est encore aujourd'hui une espèce de citadelle à l'égard de cette ville. C'est là que loge l'Aga, et la garnison qu'il commande. Le grec Phocas, qui visita les Saints-Lieux de la Palestine l'an 1185, et dont le Voyage a été mis au jour par Allatius, *in symmictis sive opusculis*, dit que cette tour, ou plutôt ce château, pour répondre aux termes dont il se sert, πύδγος παμμεγεθέσατος, *Turris insigni admodùm magnitudine*, étoit appelée par ceux de Jérusalem, la tour de David. Il la place au nord de la ville, Epiphane l'hagiopolite, près de la porte qui regarde le couchant, ce qui est plus exact, eu égard surtout à la ville moderne de Jérusalem. Selon la relation du moine Brocard, que j'ai citée précédemment, la tour de David auroit été comprise dans l'étendue de Sion, et élevée vers l'encoignure que le vallon qui séparoit ce mont d'avec Acra faisoit avec l'escarpement occidental de Sion, situation plus convenable à l'Hippicos qu'à Psephina. Mais cela n'empêche pas que dans cette même relation on ne trouve une mention particulière du lieu qui se rapporte au Castel-Pisano. On le reconnoît distinctement dans ces paroles: *Rupes illa, super quam ex parte occidentis erat exstructus murus civitatis, erat valdè eminens, præsertim in angulo, ubi occidentalis muri pars connectebatur aquilonari; ubi et turris Neblosa dicta, et propugnaculum valdè firmum, cujus ruinæ adhuc visuntur, undè tota Arabia, Jordanis, mare Mortuum, et alia plurima loca, sereno cælo videri possunt.* Cette dernière circonstance, qui fait voir tout l'avantage de la situation du lieu, est bien propre à déterminer notre opinion sur l'emplacement qui peut mieux convenir à l'ancienne tour Psephina comme au Castel-Pisano d'aujourd'hui. Disons plus; ce que Brocard nous rapporte ici est conforme à ce qu'on lit dans Josephe (liv. VI de la Guerre, ch. 6.) qu'au lever du soleil, la tour Psephina découvroit l'Arabie, la Mer, et le pays plus reculé de la Judée. Et quoiqu'il n'y ait point de vraisemblance que le château, de la manière dont il existe, soit encore le même que celui dont il tient la place, et qu'on eût tort, comme Phocas l'a bien remarqué, de le rapporter à David même; cependant, il ne s'ensuit pas qu'il fût différent quant au lieu et à l'assiette. Benjamin de Tudèle prétend même, que les murailles construites par les Juifs ses ancêtres subsistoient encore de son temps, c'est-à-dire dans le douzième siècle, à la hauteur de dix coudées.

S'il paroît déjà tant de convenance entre Castel-Pisano et la tour Psephina, voici ce qui en décide d'une manière indubitable. Josephe dit formellement que cette tour flanquoit l'angle de la ville tourné vers le nord et le couchant, et comme on vient de voir que Brocard s'explique sur le lieu que nous y faisons correspondre, *ubi occidentalis muri pars connectebatur aquilonari*. Or, vous remarquerez, qu'à la hauteur de la face septentrionale de Castel-Pisano, ou de la Porte du couchant qui joint cette face, on ne peut exclure de l'ancienne ville le lieu du Calvaire, sans se replier du côté du levant.

Donc, le Castel-Pisano, auquel nous avons été conduits par le cours de la muraille depuis la tour Hippicos, ou par une ligne tendante vers le nord, prend précisément cet angle de l'ancienne enceinte. Il faut ensuite tomber d'accord, que si le lieu de l'Hippicos avoit besoin de confirmation, il la trouveroit dans une détermination ausi précise de Psephina, en conséquence du rapport de situation.

Quant au nom de Castel-Pisano (car on peut vouloir savoir la raison de cette dénomination), j'avoue n'avoir point rencontré dans l'histoire de fait particulier, qui y ait un rapport direct. Il est constant néanmoins, qu'en vertu de la part que les Pisans, très-puissans autrefois, prirent aux Guerres saintes, ils eurent des établissemens et concessions à Acre, Tyr, et autres lieux de la Palestine. L'auteur des Annales de Pise, Paolo Tronci (pag. 35), attribue même à deux de ses compatriotes l'honneur d'avoir escaladé les premiers la muraille de Jérusalem, lors de la prise de cette ville par Godefroy de Bouillon. On peut encore remarquer, que le premier prélat Latin qui fut installé dans la chaire patriarcale de Jérusalem après cette conquête, fut un évêque de Pise, nommé Daibert. Je pense au reste, qu'il a pu suffire de trouver quelques écussons aux armes de Pise en quelque endroit du château, pour lui faire donner dans les derniers temps le nom qu'il porte. Du temps que Brocard étoit en Palestine, c'est-à-dire vers la fin du treizième siècle, nous voyons que ce château se nommoit Neblosa, qui est la forme que le nom de Néapolis prend communément dans le langage des Levantins. Il n'est pas surprenant que ce religieux en parle comme d'un lieu ruiné ou fort délabré, puisqu'il est vrai qu'environ trente-trois ans après la prise de Jérusalem par Saladin, et en l'an de l'Hégire 616, de Jésus-Christ 1219, Isa, neveu de ce prince, et régnant à Damas, fit démolir les fortifications de Jérusalem ; et que David, fils de celui-ci, détruisit vingt ans après, une forteresse que les Français avoient rétablie en cette ville.

A la suite de Psephina, Josephe achève de tracer l'enceinte de Jérusalem dans sa partie septentrionale. Avant que Bezetha fit un agrandissement à la ville, il n'eût été question pour terminer l'enceinte de ce côté-là, que de se rendre à la tour Antonia, près de l'angle nord-ouest du Temple. Aussi n'est-il fait aucune mention de cette tour dans ce qui regarde la troisième muraille. Josephe y indique un angle pour revenir à la ligne de circonférence, sur le bord du Cédron ; et nous voyons en effet, que l'enceinte moderne, dans laquelle le terrain de Bezetha est conservé, donne cet angle, et même à une assez grande distance de l'angle nord-est du Temple, où il convient d'aboutir. L'enceinte actuelle de Jérusalem, par son reculement à l'égard de la face septentrionale du Temple, fournit à Bezetha une étendue qui ne cède guère à celle de la Basse-Ville, ce qui a tout lieu de paroître convenable et bien suffisant. Josephe nous indique les Grottes-Royales, comme un lieu situé vis-à-vis du passage de l'enceinte, dans cette partie qui regarde le septentrion. Ces grottes se retrouvent dans le voisinage de celle que l'on nomme de Jérémie; et on ne peut serrer de plus près cette grotte qu'en prenant la trace de l'enceinte actuelle, comme il s'ensuit du plan de Jérusalem. Josephe prétend, que le nom de Bezetha revient à la dénomination grecque de καινη-πολις, la Nouvelle-Ville, ce qui lui est contesté par Villalpando et par Lami, qui produisent d'autres interprétations. Agrippa, le premier qui régna sous ce nom, commença sous l'empire de Claude, l'enceinte qui renfermoit ce quartier; et ce qu'il n'avoit osé achever, qui étoit d'élever ce nouveau mur à une hauteur suffisante pour la défense, fut exécuté dans la suite par les Juifs.

C'est ainsi que non-seulement les différens quartiers, qui composoient la ville de Jérusalem dans le plus grand espace qu'elle ait occupé, mais encore que les endroits mêmes par lesquels passoit son enceinte se font reconnoître. Avant que toutes ces circonstances eussent été déduites et réunies sous un point de vue, qu'elles fussent vérifiées par leur application à la disposition même du local; un préjugé d'incertitude sur les moyens de fixer ses idées touchant l'état de l'ancienne Jérusalem, pouvoit induire à croire, qu'il étoit difficile de conclure son étendue, d'une comparaison avec l'état actuel et moderne. Bien loin que cette incertitude puisse avoir lieu, on verra, par la suite de cet écrit, que les mesures du circuit de l'ancienne Jérusalem qui s'empruntent de l'antiquité même, ne prennent point d'autre évaluation que celle qui résulte d'une exacte combinaison avec la mesure actuelle et fournie par le local. Il est clair, qu'une convenance de cette nature suppose nécessairement, qu'on ne se soit point mépris en ce qui regarde l'ancienne Jérusalem.

III. Mesure actuelle du plan de Jérusalem.

L'échelle du plan de M. Deshayes demandant quelques éclaircissemens, je rendrai un fidèle compte de ce qu'un examen scrupuleux m'y a fait remarquer. On y voit une petite verge, définie cent pas, et nous en donnons la répétition sur le plan ci-joint. A côté de cette verge en est une plus longue, avec le nombre de cent, et dont la moitié est subdivisée en parties de dix en dix. Par la combinaison de longueur entre ces deux verges, il est aisé de reconnoître en gros, que l'une indique des pas communs, l'autre des toises. Mais, je ne dissimulerai point, qu'il n'y a pourtant pas une exacte proportion entre ces mesures. L'échelle des pas communs m'a paru donner, en suivant le pourtour de la ville, environ cinq mille cent pas, lesquels à deux pieds et demi, selon la définition du pas commun, fournissent douze mille sept cent cinquante pieds, ou deux mille cent vingt-cinq toises. Or, par l'échelle en toises, on n'en compte qu'environ deux mille : savoir, dans la partie septentrionale, et de l'angle nord-est à l'angle nord-ouest six cents soixante-dix-sept; dans la partie occidentale, jusqu'à l'angle sud-ouest, trois cent cinquante-cinq;

dans la partie méridionale, cinq cent quarante-quatre; et de l'angle sud-est en regagnant le premier par la partie orientale, quatre cent vingt-huit. Total, deux mille quatre. Dans ces mesures, on a cru devoir négliger la saillie des tours et quelques petits redans que fait l'enceinte en divers endroits; mais, tous les changemens de direction et autres détours marqués, ont été suivis. Et ce qu'on ne fait point ici par rapport à la mesure prise selon l'échelle des pas, qui est d'entrer dans le détail des quatre principaux aspects, suivant lesquels l'emplacement de Jérusalem se trouve disposé, a paru devoir être déduit préférablement selon l'échelle des toises, par la raison que cette échelle semble beaucoup moins équivoque que l'autre. Nonobstant cette préférence, qui trouvera sa justification dans ce qui doit suivre, il faut, pour tout dire, accuser la verge de cette échelle des toises, d'être subdivisée peu correctement dans l'espace pris pour cinquante toises, ou pour la moitié de cette verge. Car, cette partie se trouve trop courte eu égard au total de la verge; et j'ai étendu l'examen jusqu'à m'instruire, que par cette portion de verge, le circuit de Jérusalem monteroit à deux mille deux cents toises.

Quoiqu'on ne puisse disconvenir, que ces variétés ne donnent quelque atteinte à la précision de l'échelle du plan de Jérusalem, il ne conviendroit pas néanmoins de s'en autoriser pour rejeter totalement cette échelle. Je dis, que la verge des cent toises me paroît moins équivoque que le reste. La mesure du tour de Jérusalem dans son état moderne, et tel que le plan de M. Deshayes le représente, est donnée par Maundrell, anglais, dans son Voyage d'Alep à Jérusalem, un des meilleurs morceaux sans contredit qu'on ait en ce genre. Cet habile et très-exact voyageur a compté quatre mille six cent trente de ses pas dans le circuit extérieur des murailles de Jérusalem ; et il remarque, que la défalcation d'un dixième sur ce nombre donne la mesure de ce circuit à quatre mille cent soixante-sept verges anglaises, c'est-à-dire que dix pas font l'équivalent de neuf verges. En composant une toise anglaise de deux verges, puisque la verge est de trois pieds, cette toise revient à huit cent onze lignes de la mesure du pied français, selon la plus scrupuleuse évaluation, et qui ajoute même quelque chose aux comparaisons précédemment faites entre le pied français et le pied anglais, comme je l'ai remarqué dans le Traité des Mesures Itinéraires. Conséquemment, les quatre mille cent soixante-sept verges, ou deux mille quatre-vingt-trois et demi toises anglaises, fourniront un million six cent quatre-vingt neuf mille sept cent dix-huit lignes, qui produisent cent quarante mille huit cent dix pouces, ou onze mille sept cent trente-quatre pieds deux pouces, ou mille neuf cent cinquante-cinq toises quatre pieds deux pouces. Or, si nous mettons cette mesure à mille neuf cent soixante toises de compte rond, et que nous prenions de la même manière celle du plan de M. Deshayes à deux mille ; la moyenne proportionnelle ne sera qu'à vingt toises de distance des points extrêmes, ou à un centième du tout. Et que peut-on desirer de plus convenable sur le sujet dont il est question? On ne trouveroit peut-être pas de moindres contrariétés entre divers plans de nos places et villes frontières. Il convient de regarder comme une preuve du choix et de la préférence que demande la verge des cent toises, que quoique son écart des autres indications de l'échelle du plan consiste à donner moins de valeur de mesure, toutefois elle pèche plutôt en abondance qu'autrement, par comparaison à la mesure prise sur le terrain par Maundrell.

IV. Mesure de l'enceinte de l'ancienne Jérusalem.

Après avoir discuté et reconnu la mesure positive de l'espace sur le plan actuel de Jérusalem, voyons les mesures que plusieurs écrivains de l'antiquité nous ont laissées du circuit de l'ancienne Jérusalem. On peut conclure, tant de l'exposition ci-dessus faite de son état ancien, que de la disposition même du terrain, et des circonstances locales qui n'ont pu éprouver de changement, qu'il n'y a point à craindre de méprise sur les anciennes limites de cette ville. Elles se circonscrivent sur le lieu, non-seulement en conséquence des points de fait qui s'y rapportent, mais encore par ce qui convient au lieu même. Ce qui a fait dire à Brocard: *Quum ob locorum munitionem, transferri non possit (Jerusalem) à pristino situ.* De sorte, qu'on juge assez positivement de son circuit par le plan du local, pour pouvoir se permettre de tracer sur ce plan une ligne de circonférence ou d'enceinte, qui soit censée représenter la véritable. C'est ce dont on a pu se convaincre, en suivant sur le plan ce qui a été exposé en détail sur l'ancienne Jérusalem. Il doit donc être maintenant question des mesures qu'on vient d'annoncer.

Eusèbe, dans sa Préparation Evangélique, liv. 9, ch. 36, nous apprend, d'après un arpenteur syrien, τοῦ τῆς Συρίας σχοινομέτρου, que la mesure de l'enceinte de Jérusalem est de vingt-sept stades. D'un autre côté, Josephe (liv. VI de la Guerre des Juifs, ch. 6.) compte trente-trois stades dans le même pourtour de la ville. Selon le témoignage du même Eusèbe, Timocharès avoit écrit dans une histoire du roi Antiochus-Epiphanès, que Jérusalem avoit quarante stades de circuit. Aristeas, auteur d'une histoire des Septante-Interprètes, qui travaillèrent sous Ptolémée-Philadelphe, convient sur cette mesure avec Timocharès. Enfin, Hécatée, cité par Josephe, dans son liv. 1er contre Appion, donnoit à Jérusalem cinquante stades de circonférence. Les nombres de stades ici rapportés roulent de vingt-sept à cinquante. Quelle diversité! Comment reconnoître de la convenance dans des indications qui varient jusqu'à ce point? Je ne sache pas, que cette convenance ait encore été développée. Elle a jusqu'à présent fort embarrassé les savans; témoin Réland, un des plus judicieux entre tous ceux qui ont traité ce sujet, et qui, après avoir déféré à la mesure de Josephe de trente-trois stades, s'explique ainsi, p. 837 : *Non confirmabo sententiam nostram testimonio τοῦ τῆς Συρίας σχοινομέτρου, qui ambitum Hierosolymæ viginti et septem stadiis definivit apud Eusebium*, etc.

Cette mesure de vingt-sept stades, la première que nous alléguions, semble néanmoins mériter une déférence particulière, puisque c'est l'ouvrage d'un arpenteur, qui a mesuré au cordeau, σχοινομέτρου. Un plus petit nombre de stades que dans les autres mesures indiquées, doit naturellement exiger la plus grande portée du stade, qui est sans difficulté celle du stade le plus connu, et que l'on nomme olympique. Son étendue se définit à quatre-vingt-quatorze toises deux pieds huit pouces, en vertu des six cents pieds grecs dont il est composé, et de l'évaluation du pied grec à mille trois cent soixante parties du pied de Paris divisé en mille quatre cent quarante, ou onze pouces quatre lignes. Les vingt-sept stades reviennent donc à deux mille cinq cent cinquante toises. Or, la trace de l'ancienne enceinte de Jérusalem, dans le plus grand espace qu'elle puisse embrasser, paroîtra consumer environ deux mille six cents toises de l'échelle prise sur le plan de M. Deshayes. On s'en éclaircira si l'on veut par soi-même, en prenant le compas. Mais remarquez au surplus que, par la mesure de Maundrell, qui ne donne que mille neuf cent soixante, au lieu de deux mille dans le circuit actuel de Jérusalem, ou un cinquantième de moins, l'enceinte dont il s'agit se réduit à deux mille cinq cent cinquante toises, conformément au produit des vingt-sept stades.

Ainsi, ayant divisé, pour la commodité du lecteur, la trace d'enceinte de l'ancienne Jérusalem en parties égales, et au nombre de cinquante et une, chacune de ces parties prend à la lettre l'espace de cinquante toises, selon la mesure de Maundrell ; et le pis-aller sera, que quarante-neuf en valent cinquante selon l'échelle du plan.

Mais, dira-t-on, ce nombre de stades étant aussi convenable à la mesure de l'enceinte de Jérusalem, il faut donc n'avoir aucun égard à toute autre indication. Je répondrai, que les anciens ont usé de différentes mesures de stade dans des temps différens, et quelque fois même dans un seul et même temps. Ils les ont souvent employés distinctement, et sans y faire observer aucune diversité d'étendue. Ils nous ont laissé dans la nécessité de démêler par de l'application et de la critique, les espèces plus convenables aux circonstances des temps et des lieux. On ne peut mieux faire, que de calculer les trente-trois stades de la mesure de Josephe, sur le pied d'un stade plus court d'un cinquième que le stade olympique, et dont la connoissance est développée dans le petit Traité que j'ai publié sur les Mesures Itinéraires. Il semble que le raccourcissement de ce stade le rendit même plus propre aux espaces renfermés dans l'enceinte des villes, qu'aux plus grands qui se répandent dans l'étendue d'une région ou contrée. La mesure que Diodore de Sicile et Pline ont donnée de la longueur du Grand-Cirque de Rome, ne convient qu'à ce stade, et non au stade olympique. Ce stade s'évaluant sur le pied de soixante-quinze toises trois pieds quatre pouces, le nombre de trente-trois stades de cette mesure produit deux mille quatre cent quatre-vingt-treize toises deux pieds. Or, que s'en faut-il que ce calcul ne tombe dans celui des vingt-sept stades précédens? cinquante et quelques toises. Une fraction de stade, une toise de plus, si l'on veut, sur l'évaluation du stade, ne laisseroient à la rigueur aucune diversité dans le montant d'un pareil calcul.

On exigera peut-être, qu'indépendamment d'une convenance de calcul, il y ait encore des raisons pour croire, que l'espèce de mesure soit par elle-même applicable à la circonstance en question. Comme le sujet qu'on s'est proposé de traiter dans cet écrit, doit conduire à la discussion des mesures hébraïques, on trouvera ci-après, que le mille des Juifs se compare à sept stades et demi, selon ce que les Juifs eux-mêmes en ont écrit; et que ce mille étant composé de deux mille coudées hébraïques, l'évaluation qui en résulte est de cinq cent soixante-neuf toises deux pieds huit pouces. Conséquemment, le stade employé par les Juifs revient à soixante-seize toises moins quelques pouces, et ne peut être censé différent de celui qu'on a fait servir au calcul ci-dessus. L'évaluation actuelle ayant même quelque chose de plus, que celle qui m'étoit donnée précédemment de cette espèce de stade; les trente-trois stades du circuit de Jérusalem passeront deux mille cinq cents toises, et ne seront qu'à quarante et quelques toises au-dessous du premier montant de ce circuit. Mais, on peut aller plus loin et vérifier l'emploi que Josèphe personnellement fait de la mesure du stade dont il s'agit, par l'exemple que voici : Au liv. XX de ses antiquités, ch. 6, il dit, que la montagne des Oliviers est éloignée de Jérusalem de cinq stades. Or, en mesurant sur le plan de M. Deshayes, qui s'étend jusqu'au sommet de cette montagne, la trace de deux voies qui en descendent, et cette mesure étant continuée jusqu'à l'angle le plus voisin du Temple ; on trouve dix-neuf parties de vingt toises, selon que la verge des cent toises divisée en cinq parties, les fournit. Donc, trois cent quatre-vingt toises ; par conséquent cinq stades de l'espèce qui a été produite, puisque la division de trois cent quatre-vingt par cinq donne soixante-seize. Il n'est point ambigu que pour prendre la distance dans le sens le plus étendu, on ne peut porter le terme plus loin que le sommet de la montagne. Ce n'est donc point l'effet du hasard, ou un emploi arbitraire, c'est une raison d'usage qui donne lieu à la convenance du calcul des trente-trois stades sur le pied qu'on vient de voir.

Je passe à l'indication de l'enceinte de Jérusalem à quarante stades. L'évaluation qu'on en doit faire demande deux observations préalables : la première que les auteurs de qui nous la tenons ont écrit sous les princes Macédoniens, qui succédèrent à Alexandre dans l'Orient ; la seconde, que la ville de Jérusalem dans le temps de ces princes ne comprenoit point encore le quartier nommé Bezetha, situé au nord du Temple et de la tour Antonia ; puisque Josèphe nous apprend, que ce fut seulement sous l'empire de Claude que ce quartier commença à être renfermé dans les murs de la ville. Il paroîtra singulier, que pour appliquer à l'enceinte de Jérusalem un plus grand nombre de stades que les calculs précédens n'en admettent, il convienne néanmoins de prendre cette ville dans un état plus resserré. En conséquence du plan qui nous est donné, j'ai reconnu que l'exclusion de Bezetha apportoit une déduction d'environ trois cent soixante-dix toises sur le circuit de l'enceinte; par la raison que la ligne qui exclut Bezetha ne valant qu'environ trois cents toises, celle qui renferme le même quartier en emporte six cent soixante-dix. Si l'enceinte de Jérusalem, y compris Bezetha, se monte à deux mille cinq cent cinquante toises, selon le calcul des vingt-sept stades ordinaires, auquel la mesure de Maundrell se rapporte précisément, ou à deux mille six cents pour le plus, selon l'échelle du plan de M. Deshayes; donc, en excluant Bezetha, cette enceinte se réduit à environ deux mille cent quatre-vingt toises, ou deux mille deux cent vingt-quatre au plus.

A ces observations j'ajouterai, qu'il est indubitable qu'un stade particulier n'ait été employé dans la mesure des marches d'Alexandre, stade tellement abrégé par comparaison aux autres stades, qu'à en juger sur l'évaluation de la circonférence du globe donnée par Aristote, précepteur d'Alexandre, il entrera mille cent onze stades dans l'étendue d'un degré de grand cercle. On trouvera quelques recherches sur le stade qui se peut appeler Macédonien, dans le Traité des Mesures Itinéraires. L'évaluation qui résulteroit de la mesure d'Aristote n'y a point été adoptée à la lettre et sans examen : mais, en conséquence d'une mesure particulière de pied, qui paroît avoir été propre et spéciale à ce stade, l'étendue du stade s'établit de manière que mille cinquante sont suffisans pour remplir l'espace d'un degré. Ce stade, par une suite de la connoissance de son élément, ayant sa définition avec quelque précision à cinquante-quatre toises deux pieds cinq pouces, les quarante stades fournissent ainsi deux mille cent soixante-seize toises. Or, n'est-ce pas là positivement le résultat de ce qui précède? Et en rétablissant les trois cent soixante-dix toises que l'exclusion de Bezetha fait soustraire, ne retrouve-t-on pas le montant du calcul qui résulte de la première mesure des vingt-sept stades?

Qu'il me soit néanmoins permis de remarquer en passant, que l'on ne sauroit supposer, qu'il pût être question en aucune manière de ménager des convenances par rapport à l'enceinte de Jérusalem, dans les définitions qui ont paru propres à chacune des mesures qu'on y voit entrer. Si toutefois ces convenances sont d'autant plus frappantes qu'elles sont fortuites, n'est-on pas en droit d'en conclure, que les définitions mêmes acquièrent par là l'avantage d'une vérification?

Il reste une mesure de cinquante stades, attribuée à Hécatée. On n'auroit pas lieu de s'étonner, que cet auteur, en faisant monter le nombre des habitans de Jérusalem à plus de deux millions ; environ deux millions cent mille, eût donné plus que moins à son étendue, qu'il y eût compris des faubourgs ou habitations extérieures à l'égard de l'enceinte. Mais, ce qui pouvoit être vrai du nombre des Juifs qui affluoient à Jérusalem dans le temps pascal, ne convient point du tout à l'état ordinaire de cette ville. D'ailleurs, si nous calculons ces cinquante stades sur le pied du dernier stade, selon ce qui paroît plus à propos, la supputation n'ira guère qu'à deux mille sept cents toises. Ainsi, l'évaluation ne passera que d'environ cent toises ce qui résulte du l'échelle du plan de M. Deshayes.

En s'attachant à ce qu'il y a de plus positif dans tout ce corps de combinaison, il est évident que la plus grande enceinte de Jérusalem n'alloit qu'à environ deux mille cinq cent cinquante toises. Outre que la mesure actuelle et positive le veut ainsi, le témoignage de l'antiquité y est formel. Par une suite de cette mesure, nous connoîtrons, que le plus grand espace qu'occupoit cette ville, ou sa longueur, n'alloit qu'à environ neuf cent cinquante toises, sa largeur à la moitié. On ne peut comparer son étendue qu'à la sixième partie de Paris, en n'admettant même dans cette étendue aucun des faubourgs qui sont au-dehors des portes. Au reste, il ne conviendroit peut-être pas, de tirer de cette comparaison une réduction proportionnelle du nombre ordinaire des habitans de Jérusalem. A l'exception de l'espace du Temple, qui même avoit ses habitans, la ville de Jérusalem pouvoit être plus également sérée partout que ne l'est une ville comme Paris, qui contient des maisons plus spacieuses et des jardins plus vastes, qu'il n'est convenable de les supposer dans l'ancienne Jérusalem, et dont on composeroit l'étendue d'une grande ville.

V. Opinions précédentes sur l'étendue de Jérusalem.

La mesure de l'enceinte de Jérusalem ayant tiré sa détermination, de la comparaison du local même, avec toutes et chacune des anciennes mesures qui sont données; il n'est pas hors de propos de considérer, jusqu'à quel point on s'étoit écarté du vrai sur ce sujet. Villalpando a prétendu, que les trente-trois stades marqués par Josephe se rapportoient à l'étendue seule de Sion, indépendamment du reste de la ville. J'ai combiné qu'il s'ensuivroit d'une pareille hypothèse, que le circuit de Jérusalem consumeroit par proportion soixante-quinze stades. Et sans prendre d'autre mesure de stade que celle qui paroît propre aux trente-trois stades en question, la supputation donnera cinq mille sept cents toises. Ce sera pis encore, si on ne fait point la distinction des stades, et qu'on y emploie le stade ordinaire, d'autant que les autres ont été peu connus jusqu'à présent. La mesure de ce stade fera monter le calcul à près de sept mille deux cents toises, ce qui triple presque la vraie mesure. Or, je demande, si la disposition du local, et la mesure d'espace qui y est propre, peuvent admettre une étendue analogue à de pareils décomptes? Pouvons-nous déborder l'emplacement de Sion ? Ne sommes-nous pas arrêtés d'un côté par la vallée de Cédron, de l'autre par le lieu du Calvaire ? D'ailleurs, Josephe ne détruit-il pas cette opinion, comme le docte et judicieux Réland l'a bien remarqué, en disant que le circuit des lignes dont Tite investit Jérusalem entière, étoit de trente-neuf stades. Dans un juste calcul de l'ancienne enceinte de cette cité, on ne se trouve point dans le besoin de recourir au moyen d'oppositions qui s'emploie d'ordinaire, lorsque les mesures données par les anciens démentent une hypothèse, qui est de vouloir qu'il y ait erreur de chiffre dans le texte.

Le P. Lami, dans son grand ouvrage *De sanctâ Civitate et Templo*, conclut la mesure du circuit de Jérusalem à soixante stades; se fondant sur la supposition que cette enceinte contenoit cent-vingt tours, dont chacune avec sa courtine, fourniroit deux cents coudées ou un demi-stade. Il est vrai, que ce nombre de coudées d'une tour à l'autre se tire de Josephe. Mais, comme le même historien parle de cent soixante-quatre tours, distribuées en trois murailles différentes ; que dans l'étendue de ces murailles est comprise une séparation de Sion d'avec Acra ; qu'Acra étoit divisée par un mur intérieur, et avoit sa séparation d'avec Bezetha, il est difficile de statuer quelque chose de positif sur un pareil fondement. Et il resteroit toujours beaucoup d'incertitude sur ce point, quand même la mesure actuelle des espaces n'y feroit aucun obstacle. On peut encore observer, que le savant auteur que nous citons ne se trouve point d'accord avec lui-même, quand on compare avec son calcul le plan qu'il a donné de Jérusalem. Car, il y a toute apparence que les stades qu'il emploie sont les stades ordinaires, puisque dans le Traité des Mesures qui sert de préliminaire à son ouvrage, il ne donne point de définition de plus d'une espèce de stade. Sur ce pied, l'enceinte de Jérusalem dans le calcul du P. Lami s'évalue cinq mille six cent soixante et quelques toises. Or, selon le plan dont je viens de parler, le circuit de Jérusalem est aux côtés du carré du Temple comme quarante et un est à deux ; et l'échelle qui manque à ce plan, se supplée par celle que l'auteur a appliquée à son Ichnographie particulière du Temple, dont les côtés sont évalués environ mille cent vingt pieds français. Conséquemment, le circuit de la ville dans le plan ne peut aller qu'à environ vingt-trois mille pieds, ou trois mille huit cent trente et quelques toises, qui n'équivalent qu'à quarante et un stades au plus. Si même on a égard à ce que le plan du P. Lami semble conformé à une sorte de perspective, et que la partie du Temple s'y trouve dans le reculement, il doit s'ensuivre que ce qui est sur le devant prend moins d'espace, ce qui réduit encore par conséquent le calcul de l'enceinte. Le plan de M. Deshayes étoit donné au P. Lami, la mesure prise sur le lieu par Maundrell avoit été publiée. Seroit-ce que les savans veulent devoir tout à leurs recherches, et ne rien admettre que ce qui entre dans un genre d'érudition qui leur est réservé ?

Ce qu'on vient d'observer dans deux célèbres auteurs, qui sont précisément ceux qui ont employé le plus de savoir et de recherches sur ce qui concerne l'ancienne Jérusalem, justifie ce semble, ce qu'on a avancé dans le préambule de ce Mémoire; que l'étendue de cette ville n'avoit point été déterminée jusqu'à présent avec une sorte de précision, et qu'on avoit surtout exagéré beaucoup en ce point.

VI. Mesure de l'étendue du Temple.

Maundrell, qui a donné la longueur et largeur du terrain compris dans l'enceinte de la fameuse Mosquée qui occupe l'emplacement du Temple, ne paroît pas avoir fait une juste distinction entre ces deux espaces, à en juger par le plan de M. Deshayes. Il donne à la longueur cinq cent soixante-dix de ses pas, qui selon l'estimation par lui appliquée à la mesure de l'enceinte, reviendroient à cinq cent treize verges anglaises, dont on déduit deux cent quarante toises. Cependant, on n'en trouve qu'environ deux cent quinze sur le plan. L'erreur pourroit procéder, du moins en partie, de ce que Maundrell auroit jugé l'encoignure de cet emplacement plus voisine de la porte dite de Saint-Étienne. Mais, ce qu'il y a d'essentiel, cette erreur ne tire point du tout à conséquence pour ce qui regarde l'enceinte de la ville. Car, dans la mesure de Maundrell, la partie de cette enceinte comprise entre la porte dont on vient de parler, et l'angle sud-est de la ville, qui est en même temps celui du terrain de la Mosquée, se trouve employée pour six cent vingt des pas de ce voyageur, et selon son estimation ce sont cinq cent cinquante-huit verges anglaises, dont le calcul produit deux cent soixante-deux toises, à quelques pouces près. Or, l'échelle du plan paroît fournir deux cent soixante-cinq toises, qui en valent environ deux cent soixante, en se servant à la rigueur de la proportion reconnue entre cette échelle et la mesure de Maundrell.

Dans des extraits tirés des Géographes Orientaux par l'abbé Renaudot, et qui sont manuscrits entre mes mains, la longueur du terrain de la mosquée de Jérusalem est marquée de sept cent quatre-vingt-quatorze coudées. C'est de la coudée Arabique qu'il est ici question. Pour ne nous point distraire de notre objet actuel par la discussion particulière que cette coudée exigeroit, je m'en tiendrai quant à présent à ce qui en feroit le résumé; et ce que j'aurois à exposer en détail, pour y conduire et lui servir de preuve, peut faire la matière d'un article séparé à la suite des mesures hébraïques. Qu'il suffise ici, qu'un moyen non équivoque de connoître la coudée d'usage chez les Arabes, est de la déduire du mille arabique. Il étoit composé de quatre mille coudées : et vu que par la mesure de la terre prise sous le calife Al-Mamoun, le mille ainsi composé s'évalue sur le pied de cinquante-six deux tiers dans l'espace d'un degré; il s'ensuit que ce mille revient à environ mille six toises, à raison de cinquante-sept mille toises par degré, pour ne point entrer dans une délicatesse de distinction sur la mesure des degrés. Donc, mille coudées arabiques sont égales à deux cent cinquante toises, et de plus neuf pieds, qui se peuvent négliger ici. Et en supposant huit cents coudées de compte rond, au lieu de sept cent quatre-vingt-quatorze, il en résulte deux cents toises de bonne mesure. Ainsi, le compte de deux cent quinze toises, qui se tire du plan de Jérusalem figuré dans toutes ces circonstances, est préférable à une plus forte supputation.

La largeur du terrain de la mosquée est, selon Maundrell, de trois cent soixante-dix pas, dont on déduit cent cinquante-six toises quatre pieds et demi. Or, la mesure du plan revient à environ cent soixante-douze. Et ce qu'on observe ici est, que la mesure de Maundrell perd en largeur la plus grande partie de ce qu'elle avoit de trop sur sa longueur. D'où l'on peut conclure, que le défaut de précision en ces mesures, consiste moins dans leur produit en général, que dans leur distribution. Il y a toute apparence, que des édifices adhérans à l'enceinte de la mosquée dans l'intérieur de la ville, ont rendu la mesure de cette enceinte plus difficile à bien prendre que celle de la ville. Maundrell avoue même, que c'est d'une supputation faite sur les dehors qu'il a tiré sa mesure. Et le détail dans lequel nous n'avons point évité d'entrer sur cet article, fera voir, que notre examen s'étant porté sur toutes les circonstances qui se trouvoient données, il n'y a rien de dissimulé ni d'ajusté dans le compte qu'on en rend.

La mosquée qui remplace le Temple est singulièrement respectée dans l'Islamisme. Omar ayant pris Jérusalem la quinzième année de l'Hégire (de J. C. 637), jeta les fondemens de cette mosquée, qui reçut de grands embellissemens de la part du Calife Abd-el-Melik, fils de Mervân. Les Mahométans ont porté la vénération pour ce lieu, jusqu'au point de le mettre en parallèle avec leur sanctuaire de la Mecque; le nommant Alacsa, ce qui signifie *extremum sive ulterius*, par opposition à ce sanctuaire; et il y a toute apparence qu'ils se sont fait un objet capital de renfermer dans son enceinte tout l'emplacement du Temple Judaïque; *totum antiqui Sacri fundum*, dit Golius dans ses notes savantes sur l'Astronomie de l'Alfergane, p. 136. Phocas que j'ai déjà cité, et qui écrivoit dans le douzième siècle, est précisément de cette opinion, que tout le terrain qui environne la mosquée est l'ancienne aire du Temple; παλαιόν τυ μεγάλυ ναυ δάπεδόν. Quoique ce Temple eût été détruit, il n'étoit pas possible qu'on ne retrouvât des vestiges, qu'on ne reconnût pour le moins la trace de ces bâtisses prodigieuses, qui avoient été faites pour égaler les côtés du Temple, et son aire entière, au terrain du plan même, placé sur le sommet du mont Moria. Les quatre côtés qui partageoient le circuit du Temple, étoient tournés vers les points cardinaux du Monde; et on avoit eu en vue, que l'ouverture du Temple fût exposée au soleil levant, en tournant le *Sancta Sanctorum* vers le côté opposé. En cela on s'étoit conformé à la disposition du tabernacle, et ces circonstances ne souffrent point de difficultés. Or, la disposition des quatre faces se remarque encore dans l'enceinte de la mosquée de Jérusalem, dont les côtés sont à treize ou quatorze degrés près, orientés conformément à la boussole placée sur le plan de M. Deshayes. Supposé même, que la disposition de cette boussole dépende du nord de l'Aiman, et qu'elle doive souffrir une déclinaison occidentale ; que de plus cette position ne soit pas de la plus grande justesse ; il peut s'ensuivre encore plus de précision dans l'orientement dont il s'agit. On trouve dans Sandys, Voyageur Anglais, un petit plan de Jérusalem, qui, ne pouvant être mis en parallèle pour le mérite avec celui de M. Deshayes, tire néanmoins beaucoup d'avantage d'une conformité assez générale avec ce plan : et selon les airs de vent marqués sur le plan de Sandys, chaque face du carré du Temple répond exactement à ce qui est indiqué N. S. E. W.

Mais, il semble qu'il y ait une égalité établie entre les côtés du Temple Judaïque, ce qui forme un carré plus régulier que le terrain actuel de la mosquée mahométane. On convient généralement, que la mesure d'Ezéchiel donne à chacun des côtés cinq cents coudées. Quoique dans l'Hébreu on lise des verges pour des coudées, et dans la Vulgate *Calamos* pour *Cubitos*, la méprise saute aux yeux, d'autant que le *Calamus* ne comprenoit pas moins de six coudées : et d'ailleurs, la version grecque, faite apparemment sur un texte plus correct, dit précisément Πήχεις πεντκοσίυς. Rabbi-Jehuda, auteur de la *Misna*, et qui a ramassé les traditions des Juifs sur le Temple, dans un temps peu éloigné de sa destruction (il vivoit sous Antonin-Pie), s'accorde sur le même point, dans le Traité particulier intitulé *Middoth*, ou la Mesure. On ne peut donc révoquer en doute, que telle étoit en effet l'étendue du Temple.

Nous avons une seconde observation à faire, qui est, que cette mesure ne remplira point non-seulement la longueur, mais même la largeur ou plus courte dimension du terrain de la mosquée, quelque disposé que l'on puisse être à ne point épargner sur la longueur de la coudée. Ezéchiel doit nous porter en effet, à supposer cette mesure de coudée plutôt forte que foible, disant aux Juifs captifs en Babylone (40, 5, et 43, 13), que dans la construction d'un nouveau Temple, dans le rétablissement de l'autel, ils doivent employer la coudée sur une mesure plus forte d'un travers de main, ou d'un palme, que la coudée: εν πήχει τῦ πηχέως και παλαισης, dit la version grecque, *in Cubito Cubiti et Palmi*. Plusieurs savans, et entr'autres le P. Lami, ont pensé que la coudée hébraïque pouvoit être la mesure, ou à peu près, que le *Dérah* ou la coudée égyptienne, dont l'emploi dans la mesure du débordement du Nil, a dû maintenir dans tous les temps la longueur sans altération (vu les conséquences) et la rendre invariable, malgré les changemens de dominations. Greaves, mathématicien anglais, et Cumberland, évêque de Peterboroug, trouvent dans l'application du *Dérah* à divers espaces renfermés dans la grande Pyramide, où cette mesure s'emploie complète et convient sans fraction, une preuve de sa haute antiquité. Il est fort probable au surplus, que les Israélites, qui ne devinrent un peuple, par la multiplication d'une seule famille, que pendant leur demeure en Egypte, et qui furent même employés aux ouvrages publics dans ce pays, en durent tirer les mesures dont on se servoit dans ces ouvrages. Auparavant cela, les patriarches de cette nation ne bâtissant point, n'étant même point attachés à des possessions d'héritages ; il n'y a pas d'apparence qu'ils eussent en partage, et pour leur usage propre, des mesures particulières, assujetties à des étalons arrêtés et fixés avec grande précision ; puisque les choses de cette espèce n'ont pris naissance qu'avec le besoin qu'on s'en est fait. Moïse, élevé dans les sciences des Egyptiens, a dû naturellement tirer de leur mathématique ce qui pouvoit y avoir du rapport dans les connoissances qu'il avoit acquises. Quoi qu'il en soit, une circonstance hors de toute équivoque dans l'emploi du dérah, est qu'on ne peut donner plus d'étendue à ce qui prend le nom de coudée. Greaves ayant pris sur le nilo-mètre du Caire la mesure du dérah, en a fait la comparaison au pied anglais ; et en supposant ce pied divisé en mille parties, le dérah prend mille huit cent vingt-quatre des mêmes parties. Par la comparaison du pied anglais au pied français, dans laquelle le pied anglais est d'un sixième de ligne plus fort qu'on ne l'avoit estimé par le passé, le dérah équivaut à vingt pouces et demi de bonne mesure du pied français. Partant les cinq cents coudées sur la mesure du dérah, font dix mille deux cent cinquante pouces, qui fournissent huit cent cinquante-quatre pieds, ou cent quarante-deux toises deux pieds. Ainsi, on a été bien fondé à dire que la mesure du Temple est inférieure à l'espace du terrain de la mosquée, puisque cette mesure n'atteint pas même celle des dimensions de ce terrain qui prend moins d'étendue, ou sa largeur. Que seroit-ce, si on refusoit à la coudée hébraïque, considérée étroitement comme coudée, autant de longueur que le dérah en contient ?

Cependant, quand on fait réflexion, que le sommet du mont Moria n'a pris l'étendue de son aire que par la force de l'art; on a peine à se persuader, qu'on ait ajouté à cet égard aux travaux du peuple Juif, travaux qui, à diverses reprises, ont coûté plusieurs siècles, comme Josephe l'a remarqué. L'édifice octogone de la mosquée étant contenu dans l'espace d'environ quarante-cinq toises, selon l'échelle du plan, l'espèce de cloître intérieur qui renferme cette mosquée n'ayant qu'environ cent toises en carré; on ne présume pas que les Mahométans eussent quelque motif pour étendre l'enceinte extérieure au-delà des bornes que les Juifs n'avoient prises qu'en surmontant la nature. Ces considérations donnent tout lieu de croire, que le terrain que l'on voit dépendant de la mosquée appartenoit en entier au Temple; duquel terrain la superstition mahométane a bien pu ne vouloir rien perdre, sans vouloir s'étendre plus loin. Le P. Lami, dans la distribution des parties du Temple, distinguant

JUSTIFICATIVES.

et séparant l'*Atrium Gentium* d'avec celui des Israélites, en quoi il diffère de Villalpando, a jugé que cet *Atrium* des Gentils étoit extérieur au lieu mesuré par Ezéchiel. Or, il semble, que la discussion dans laquelle nous venons d'entrer, favorise cette opinion; et que cette même opinion fournisse l'emploi convenable du terrain qui se trouve surabondant. Lightfoot, dans ce qu'il a écrit sur le Temple, cite un endroit du Talmud ajouté au Middoth, qui dit que le mont Moria surpassoit la mesure des cinq cents coudées; mais, que ce qui sortoit de cette mesure n'étoit pas réputé saint comme ce qui y étoit renfermé. Cette tradition Juive prouveroit deux choses: l'une, que l'aire du mont Moria avoit été accrue au-delà même de ce qui se renferme dans la mesure d'Ezéchiel, ainsi qu'en effet nous remarquons que l'espace actuel est plus grand; l'autre, que l'excédant de cette mesure ne peut mieux s'entendre que du lieu destiné ou permis aux Gentils, qu'un motif de vénération pour le Dieu d'Israël conduisoit à son Temple, mais qui n'étoient pas regardés comme de véritables adorateurs. Ces circonstances ont une singulière convenance à ce qui est dit au ch. 11 de l'Apocalypse, où saint Jean ayant reçu ordre de mesurer le Temple de Dieu, *datus est mihi Calamus similis Virgæ, et dictum est mihi, metire Templum Dei, altare, et adorantes in eo;* ajoute, *Atrium verò quod est foris Templum..... ne metiaris illud; quoniam datum est Gentibus.* Cet article, *ne metiaris*, nous donne à entendre, que dans la mesure du Temple, on a pu et dû même se renfermer dans un espace plus étroit que l'aire entière du Temple: et ce qui précède, savoir, *Atrium quod est foris*, nous fait néanmoins connoître un supplément d'espace à cette mesure; et nous apprend en même temps sa destination, *quoniam datum est Gentibus*. Cet endroit de l'Apocalypse peut avoir un fondement absolu et de comparaison (indépendamment de tout sens mystique ou figuré) sur la connoissance que saint Jean avoit conservée du Temple même de Jérusalem. Josephe, qui attribue au Temple une triple enceinte, désigne indubitablement par là trois espaces différens. De manière, qu'outre l'*Atrium Sacerdotum*, et l'*Atrium Israelitarum*, desquels on ne peut disputer, il faut de nécessité admettre un troisième espace, tel en effet qu'il se manifeste ici.

Le P. Lami, que l'habileté en architecture a beaucoup servi dans sa description du Temple, appliquant la mesure des cinq cents coudées à l'enceinte de l'*Atrium* des Israélites, et pratiquant un *Atrium* extérieur avec une sorte de combinaison dans les proportions des parties du Temple, se trouve conduit par là à attribuer environ deux mille six cent vingt coudées hébraïques au pourtour de son Ichnographie du Temple. Ce nombre de coudées sur le même pied que ci-dessus, revient à sept cent quarante-six toises. Or, rappelons-nous, que la longueur du terrain de la mosquée de Jérusalem, déduite du plan de cette ville, a été donnée d'environ deux cent quinze toises, la largeur d'environ cent soixante-douze. Multipliez chacune de ces sommes par deux, vous aurez au total sept cent soixante-quatorze toises. Sur quoi on peut vouloir rabattre un cinquantième, ou quinze à seize toises, pour mettre l'échelle du plan au niveau de ce qui a paru plus convenable dans la mesure totale de l'enceinte de Jérusalem. Et sur ce pied, il n'y aura que treize ou quatorze toises de plus ou de moins dans la supputation du circuit du terrain qui appartient au Temple. Il est vrai, que le P. Lami a employé en quatre côtés égaux, la quantité de mesure qui a quelque inégalité de partage dans ce que fournit le local. Mais, qui ne voit, que la parfaite égalité dans le P. Lami, n'a d'autre fondement qu'une imitation ou répétition de ce qui étoit propre au corps du Temple, isolé de l'*Atrium* extérieur des Gentils ? Et vu qu'aucune circonstance de fait ne sert de preuve à une semblable répétition, plus aisée vraisemblablement à imaginer que propre au terrain, elle ne peut être regardée comme positive.

Après avoir reconnu quelle étoit l'étendue du Temple, on ne peut s'empêcher d'être extrêmement surpris, que ce qu'on trouve dans Josephe sur ce sujet soit peu conforme au vrai. On ne comprend pas, que cet historien, qui dans les autres circonstances cherche avec raison à donner une haute idée de cet édifice, ait pu se tenir fort au-dessous de ce qu'il convient d'attribuer à son étendue. Les côtés du carré du temple sont comparés à la longueur d'un stade, en quoi il paroît s'être mépris comme du rayon au diamètre ; et dans un autre endroit, le circuit du terrain entier, y compris même la tour

Antonia, qui tenoit à l'angle nord-ouest de l'enceinte du Temple, est estimé six stades. Il auroit pu écrire δέκα au lieu d'ἕξ, en usant du stade qui lui paroît propre dans la mesure de l'enceinte de Jérusalem, et dont les dix fournissent sept cent soixante toises, ce qui prend le juste milieu des supputations qu'on vient de voir.

III. Des mesures hébraïques de longueur.

Je terminerai cet écrit par quelque discussion des mesures hébraïques propres aux espaces. Cette discussion se lie d'autant mieux à ce qui précède, qu'elle fournit des preuves sur plusieurs points. Il ne paroît pas équivoque, que la coudée, dite en Hébreu *Ameh* (*per Aleph*, *Mem*, *He*) en langue Chaldaïque *Ametha*, appelée par les Grecs Πῆχυς, d'où est venu le mot de *Pic*, et autrement Ωλένη, d'où les Latins ont pris le mot d'*Ulna*, ne soit un élément de mesure, qu'il soit très-essentiel de vérifier. La mesure que cette coudée a prise ci-dessus par rapport à l'étendue du Temple, paroît assez convenable pour qu'elle en tire déjà grand avantage. Voyons, si elle se peut répéter d'ailleurs, ou déduire de quelque autre moyen.

Si l'on s'en rapporte au Rabbin Godolias, sur l'opinion de Maïmonidès, la coudée hébraïque se compare à l'aune de Bologne; et de cette comparaison, le docteur Cumberland, évêque de Peterboroug, a conclu la coudée de vingt et un pouces anglais et sept cent trente-cinq millièmes de pouce, comme je l'apprends d'Arbuthnot (Traité des Poids, Monnoies et Mesures), ce qui revient à vingt pouces et environ cinq lignes du pied de Paris, et ne diffère par conséquent que d'une ligne en déduction, de l'évaluation propre au dérah ou à la coudée égyptienne.

Mais, un moyen de déterminer la mesure de la coudée hébraïque, duquel je ne sache point qu'on ait fait usage, tout décisif qu'il puisse paroître, est celui-ci : Les Juifs conviennent à définir l'*Iter-sabbaticum*, ou l'étendue de chemin qu'ils se permettoient le jour du Sabbat, en dérogeant au précepte du 16ᵉ chap. de l'Exode, v. 30 : *Nullus egrediatur de loco suo die septimo*; ils conviennent, dis-je, sur le pied de deux mille coudées. L'auteur de la Paraphrase Chaldaïque s'en explique positivement, à l'occasion du v. 6 du ch. 1ᵉʳ, du Livre de Ruth. Œcumenius confirme cette mesure par le témoignage d'Origène, lorsqu'il dit, que le mille étant égal au chemin sabbatique, comprend δις χιλίων Πηχῶν. Le Traité des Mesures Judaïques composé par saint Epiphane, qui étant né Juif et dans la Palestine, devoit être bien instruit du fait dont il s'agit; nous apprend, que l'espace du chemin sabbatique revient à la mesure de six stades. Pour donner à la coudée en question plus que moins d'étendue, on ne peut mieux faire que d'employer ici le stade ordinaire, dont huit remplissent l'espace d'un mille romain, et qui semble même avoir prévalu sur tout autre stade dans les bas-temps. La mesure de ce stade, définie à quatre-vingt-quatorze toises deux pieds huit pouces, étant multipliée par six, fournit cinq cent soixante-six toises quatre pieds. En décomposant ce calcul en pieds, on y trouve trois mille quatre cents pieds, qui renferment quarante mille huit cents pouces. Et en divisant cette somme de pouces en deux mille parties, chacune de ces parties se trouve de vingt pouces et deux cinquièmes de pouce. Or, le produit de ce calcul sembleroit en quelque sorte fait exprès, pour servir de vérification à la mesure déduite ci-dessus. Que s'en faut-il même, que l'évaluation, qui vient d'être conclue, ne soit précisément la même que celle que nous avons employée précédemment pour la coudée hébraïque, en la croyant une même mesure avec le dérah ou la coudée égyptienne ? La diversité d'une ligne et un cinquième ne doit-elle pas être censée de petite considération dans une combinaison de cette espèce ? Outre que la diversité ne va pas à un deux-centième sur le contenu ; il faudroit, pour que cette diversité pût être regardée à la rigueur comme un défaut de précision dans l'emploi du dérah pour la coudée hébraïque, qu'on fût bien assuré que les six stades faisoient étroitement et sans aucun déficit, le juste équivalent des deux mille coudées. Il ne conviendroit pas aussi, de trouver à redire à la compensation que saint Epiphane donne de six stades pour deux mille coudées, sur ce qu'il peut avoir négligé d'y ajouter un trente-quatrième de stade, ou la valeur de seize à dix-sept pieds.

Les Juifs ont eu une mesure d'espace, à laquelle outre le terme de *Berath*, que quelques commen-

JUSTIFICATIVES. 311

tateurs croient lui être propre, ils ont adapté celui de *Mil* (*Mem*, *Jod*, *Lamed*,) au pluriel *Milin*. Quoiqu'on ne puisse douter que cette dénomination ne soit empruntée des Romains, cela n'empêche pas que chez les Juifs le mille n'ait sa définition distincte et particulière; laquelle est donnée sur le pied de deux mille coudées; ce qi se rapporte précisément à ce que dit Œcumenius, que l'on vient de citer. Plusieurs endroits de la Gémare; indiqués par Réland (*Palæstina*, vol. 1er, pag. 400), nous apprennent que les Juifs compensent la mesure du mille par sept stades et demi. Le terme dont ils se servent pour exprimer le stade est *Ris* (*Resch*, *Jod*, *Samech*) au pluriel *Risin*. Il peut s'interpréter par le latin *curriculum*, qui est propre à la carrière du stade, *curriculum stadii*, dans Aulu-Gelle (*Noct. Atticar. lib.* 1, *c.* 1.). La jonction de quatre milin compose chez les Juifs une espèce de lieue, nommée *Parseh* (*Pe*, *Resch*, *Samech*, *He*.) Dans la langue Syriaque, *Paras* signifie étendre, et *Parseh* étendue. Et il est d'autant plus naturel que ce terme paroisse emprunté de cette langue, qu'elle étoit devenue propre aux Juifs dans les temps qui ont suivi la captivité. On trouvera dans Réland (pag. 397) un endroit du Talmud, qui donne positivement la définition du mille judaïque à deux mille coudées, et la composition de la parseh de quatre mille. Les deux mille coudées assujetties à la mesure précise du dérah, font cinq cent soixante-neuf toises deux pieds huit pouces. En multipliant cette somme par quatre, la parseh se trouve deux mille deux cent soixante-dix-sept toises quatre pieds huit pouces. Cette mesure ne diffère presque en rien de notre lieue française, composée de deux lieues gauloises, et dont vingt-cinq font presque le juste équivalent d'un degré.

Le docte Réland partant de la supposition, que le mille judaïque n'est point différent du mille romain, et comparant le nombre de deux mille coudées dans l'un, à celui de cinq mille pieds dans l'autre, conclut la coudée à deux pieds et demi. Mais, quoiqu'on ne puisse disconvenir, que l'étendue de la domination romaine n'ait rendu le mille romain presque universel ; toutefois il est bien certain que la mesure de ce mille ne peut être confondue avec celle qui nous est donnée du mille judaïque. Et outre que l'évaluation de la coudée qui résulteroit de l'équivoque, est naturellement difficile à admettre, excédant la vraisemblance en qualité de coudée ; une simple comparaison de nombres, destituée des rapports essentiels, ne peut se soutenir contre une définition positive, et qui éprouve des vérifications. Il y a un endroit de la Gémare, qui définit le chemin d'une journée ordinaire à dix *parsaut* (tel est le pluriel de *parseh*). Si la parseh équivaloit quatre milles romains, il en résulteroit quarante milles. Mais, les anciens ne vont point jusque-là dans cette estimation. Ils s'en tiennent communément à vingt-cinq milles ou deux cents stades ; et si Hérodote (liv. V) y emploie deux cent cinquante stades, il faut avoir égard à ce que l'usage des stades à dix au mille est propre à cet historien en beaucoup d'endroits. Les géographes orientaux conviennent aussi sur ce nombre de vingt-cinq milles pour l'espace d'une journée commune, ce que les Maronites qui ont traduit la Géographie d'el-Edrisi dans l'état où nous l'avons, ou plutôt son extrait, ont noté dans la Préface de leur traduction. Et quand les Orientaux ont paru varier sur le nombre des milles, en marquant quelquefois trente au lieu de vingt-cinq, c'est à raison de la différence des milles, qu'ils n'ont pas toujours employés à la rigueur sur le pied du mille arabique, dont les vingt-cinq peuvent équivaloir trente ou trente et un d'une espèce plus ordinaire. Par l'évaluation qui est propre à la parseh, les dix faisant la compensation de trente milles romains, il est évident qu'une mesure sensiblement supérieure sort des bornes de ce dont il s'agit. Le P. Lami a objecté à Villalpando, sur une pareille opinion que la coudée hébraïque égaloit deux pieds et demi romains; que la hauteur de l'autel des parfums étant indiquée de deux coudées, il auroit fallu que la taille du prêtre qui faisoit le service et répandoit l'encens sur cet autel, eût été gigantesque. Il est constant, que les convenances que nous avons rencontrées sur le local à l'égard du Temple, n'auroient point eu lieu avec une mesure de la coudée plus forte d'environ un quart que celle qui est ici donnée. Le pied romain s'évaluant mille trois cent six dixièmes de ligne du pied de Paris, les deux pieds et demi renferment trois cent vingt-six lignes et demie, ou vingt-sept pouces deux lignes et demie. On remarquera même au surplus, que

Villalpando attribuoit encore au pied romain quelque excédant sur cette définition.

Je n'ai observé ci-dessus, la convenance fortuite qui se rencontroit entre la parseh et notre lieue française, que pour communiquer à cette parseh, l'idée de ce qui nous est propre et familier. Mais, la même convenance entre la parseh et une ancienne mesure orientale, ne doit pas être également regardée comme l'effet du hasard. Cette extrême convenance sera plutôt la vérification d'une seule et même mesure. J'ai fait voir, dans le Traité des Mesures Itinéraires, que le stade qui revient à un dixième du mille romain, convenoit précisément à la mesure des marches de Xénophon. Et qu'en conséquence de l'évaluation faite par Xénophon lui-même, du nombre des stades en parasanges, il paroissoit constant que trente stades répondoient à une parasange. Cette compensation n'a même rien que de conforme à la définition précise, qu'Hérodote, Hezychius, Suidas, ont donnée de la parasange. En multipliant par trente la mesure de soixante-quinze toises trois pieds quatre pouces, à laquelle le stade de dix au mille est défini, on aura par ce calcul deux mille deux cent soixante-six toises quatre pieds. Or, cette évaluation de la parasange n'est qu'à onze toises de la parseh ; de manière que deux pieds deux pouces de plus sur la définition du stade qui sert à composer la parasange, mettroit le calcul rigidement au pair. Si même on veut donner par préférence, dans la supputation qui résulte de la comparaison que saint Épiphane a faite du mille judaïque ou chemin sabbatique avec six stades ordinaires, savoir cinq cent soixante-six toises quatre pieds, et qu'on multiplie cette valeur par quatre, pour avoir la parseh; on rencontrera précisément les deux mille deux cent soixante-six toises quatre pieds, qui sont le produit de nos trente stades. Qui ne conclura de là, que la parseh n'est autre chose que la parasange persane, babylonienne, comme on voudra l'appeler? La parseh ne renferme-t-elle pas en elle-même la composition des trente stades, puisque le mille judaïque, la quatrième partie de la parseh, est comparé par les Juifs à sept stades et demi? Ajoutons, que les noms de parseh et de parasange ont assez d'affinité, pour concourir avec l'identité de mesure. Et que comme les termes de *Paras* et de *Parseh* trouvent dans l'ancien langage Oriental, Chaldaïque de même que Syriaque, une interprétation propre et littérale qui ne peut renfermer de sens plus convenable à l'égard de la chose même, c'est acquérir indubitablement la signification propre du mot de parasange. La parseh n'étant point mentionnée dans les livres saints, il y a tout lieu de croire que les Juifs ne l'auront adoptée que depuis leur captivité dans le pays de Babylone.

Mais, remarquez quel enchaînement de convenances. La définition de la parasange a son existence, indépendamment de ce qui constitue la parseh. Car, cette parasange dépend d'un stade particulier, lequel se produit par des moyens tout-à-fait étrangers à ce qui paroît concerner ou intéresser la parasange même, comme on peut s'en éclaircir par le Traité que j'ai donné des Mesures. La parseh d'un autre côté sort d'élémens absolument différens, et prend ici son principe de ce que la coudée égyptienne paroît une mesure de la plus haute antiquité, et dont il semble vraisemblable que le peuple Hébreu ait adopté l'usage. Sur ces présomptions (car jusque-là il n'y a ce semble rien de plus) l'application de cette coudée à la parseh trouve une vérification plus précise qu'on ne pourroit oser l'espérer, dans ce qui se doit conclure de la mesure que saint Epiphane donne de la quatrième partie de la parseh. Toutes ces voies différentes, dont aucune n'a de vue sur l'autre, conduisent néanmoins aux mêmes conséquences, se réunissent dans des points communs. On ne pourroit se procurer plus d'accord par des moyens concertés. Qu'en doit-il résulter? Une garantie mutuelle, si l'on peut employer cette expression, de toutes les parties et circonstances qui entrent dans la combinaison.

La connoissance positive de la coudée hébraïque est un des principaux avantages d'une pareille discussion. Il est bien vrai que le P. Lami, ainsi que quelques autres savans, avoit déjà proposé la mesure du dérah pour cette coudée, mais sans en démontrer positivement la propriété, ou la vérifier par des applications de la nature de celles qui viennent d'être produites. Il semble même que la précision de cette mesure ait en quelque manière échappé au P. Lami, puisque nonobstant sa conjecture sur le dérah, il conclut la coudée hébraïque à vingt pouces (liv. I, ch. 9, sect. 1): *Nos*, dit-il, *Cubitum Hebræum facimus viginti pollicum.*

La coudée hébraïque étoit composée de six palmes mineurs, et ce palme est appelé en Hébreu *Tophach* (*Teth, Phe, Hheth*). La version des Septante a rendu ce mot par celui de Παλαιςης, qui est propre au palme dont il s'agit, et que les définitions données par Hézychius et par Julius-Pollux, fixent à quatre doigts. Par conséquent, la coudée contenoit vingt-quatre doigts; et c'est en effet le nombre de divisions que porte la coudée égyptienne ou dérah, sur la colonne de *Mihias*, qui est le nilo-mètre près de Fostat ou du Vieux-Caire. Ab'ul-feda est cité par Kircher, pour dire que la coudée légale des Juifs, la même que l'égyptienne, contient vingt-quatre doigts. Dans Diodore de Sicile (liv. I), lorsqu'il parle du nilo-mètre qui existoit à Memphis, et qu'il appelle Νειλοσκοπειον, on trouve mention non-seulement des coudées qui en faisoient la division, mais encore des doigts, Δακτυλους, qui étoient de subdivision par rapport à la coudée.

En conséquence de la mesure qui est propre à cette coudée, le tophac ou palme revient à trois pouces cinq lignes de notre pied; et j'observe que cette mesure particulière a l'avantage de paroître prise dans la nature. Car, étant censée relative à la largeur qu'ont les quatre doigts d'une main fermée, comme Pollux s'en explique; l'étude des proportions entre les parties du corps peut faire voir, que cette mesure conviendra à une statue d'environ cinq pieds huit pouces français; et cette hauteur de stature, qui fait le juste équivalent de six pieds grecs, passe plutôt la taille commune des hommes qu'elle ne s'y confond. Mais si le palme, qui fait la sixième partie de la coudée hébraïque, prend cette convenance avec une belle et haute stature, et qu'on ne sauroit passer sensiblement sans donner dans le gigantesque, il s'ensuivra que la mesure de cette coudée ne peut, en tant que coudée, participer à la même convenance. Le P. Lami, en fixant la coudée hébraïque à vingt pouces, en a conclu la hauteur des patriarches à quatre-vingts pouces, ou six pieds huit pouces, ce qui est conforme en proportion à ce principe de Vitruve: *Pes altitudinis corporis sextæ, cubitus quartæ.* Sur cette proportion, la mesure prise du dérah produiroit sept pieds moins deux pouces. Si une telle hauteur de taille devient admissible, au moyen d'une distinction particulière entre la race des premiers hommes et l'état actuel de la nature; toujours est-il bien constant, que la mesure de la coudée en question excède les bornes que les hommes ont reconnues depuis long-temps dans leur stature ordinaire. De manière que, relativement à la hauteur de la taille à laquelle la mesure du palme paroît s'assortir en particulier, ou cinq pieds et environ huit pouces, la coudée proportionnelle n'iroit qu'à environ dix-sept pouces. Or, les Rabbins paroissent persuadés, que l'on distinguoit la coudée commune de la coudée légale et sacrée, dont l'étalon étoit déposé dans le sanctuaire. Et cette coudée commune différoit de l'autre par la suppression d'un tophach. Ainsi, se réduisant à cinq *tiphuchim* (pluriel de *tophach*) ou à vingt doigts, et perdant la valeur de trois pouces cinq lignes, sa longueur revenoit à dix-sept pouces et une ligne. Quoique le P. Lami ait combattu la tradition judaïque sur cette coudée commune, toutefois la grande analogie de proportion qui s'y rencontre, lui peut servir d'appui. Le témoignage des Rabbins trouve même une confirmation positive, dans la comparaison que Josephe a faite de la coudée d'usage chez les Juifs, avec la coudée attique. Car, cette coudée se déduisant de la proportion qui lui est naturelle avec le pied grec, lequel se compare à mille trois cent soixante parties ou dixièmes de ligne du pied de Paris, revient à deux mille quarante des mêmes parties, ou deux cent quatre lignes, qui font 17 pouces. Rappelons-nous au surplus ce qui a été ci-dessus rapporté d'Ezéchiel, en traitant de la mesure du Temple, lorsqu'il prescrit aux Juifs de Babylone, d'employer dans la réédification du Temple une coudée plus forte d'un travers de main que l'ordinaire. Ce travers de main n'étant autre chose que le palme mineur, ou *tophach*, n'est-ce pas là cette distinction formelle de plus ou de moins entre deux coudées, dont la plus foible mesure paroît même prévaloir par l'usage ? Mais, en tombant d'accord, que la coudée inférieure étoit admise durant le second Temple, on pourroit par délicatesse, et pour ne porter aucune atteinte au précepte divin, qui ne souffre qu'un seul poids, qu'une seule mesure, vouloir rejeter la coudée en question pour les temps qui ont précédé la captivité : en quoi toutefois on ne seroit point autorisé absolument par le silence de l'Ecriture, puisque dans le Deutéronome (cap. 3, v. 11,) la mesure du lit d'Og, roi de Basan, est donnée en coudées prises de la proportion naturelle de l'homme, *in cubito viri* ; ou selon la Vulgate, *ad mensuram cubiti virilis manus*. Bien qu'un nombre infini de mesures, qui enchérissent sur leurs principes naturels ; par exemple, tout ce que nous appelons pied, sans entrer dans un plus grand détail, autorise suffisamment la dénomination de coudée dans une mesure aussi forte que celle qui paroît propre à la coudée égyptienne et hébraïque, toutefois, la considération de ces principes devient souvent essentielle dans la discussion des mesures, et il ne faut point la perdre de vue. C'est à elle que j'ai dû la découverte du pied naturel, dont la mesure et l'emploi ont trouvé leur discussion dans le Traité des Mesures Itinéraires que j'ai donné.

Nous avons donc dans cet écrit une analyse des mesures hébraïques, qui bien qu'indépendante de toute application particulière, se concilie néanmoins à la mesure d'enceinte de Jérusalem et de l'étendue du Temple, selon que cette mesure se déduit des diverses indications de l'antiquité conférées avec le local même. Il paroît une telle liaison entre ces différens objets ici réunis, qu'ils semblent dépendans les uns des autres, et se prêter sur ce qui les regarde, une mutuelle confirmation.

DISCUSSION DE LA COUDÉE ARABIQUE.

J'AI pris engagement au sujet d'un article qui intéresse la mesure du Temple, d'entrer en discussion sur la coudée arabique, à la suite des mesures hébraïques.

Cette coudée, *Deraga* ou *Derah*, est de trois sortes, l'ancienne, la commune, et la noire. La première, qui tire sa dénomination de ce qu'on prétend qu'elle existoit du temps des Persans, est composée de trente-deux doigts, la seconde de vingt-quatre, selon la définition plus ordinaire et naturelle; la troisième tient le milieu, et est estimée vingt-sept doigts. On distingue la première par l'addition de deux palmes aux six palmes qui sont l'élément de la seconde, et qui lui ont été communs avec la coudée égyptienne et hébraïque. Ces définitions se tirent ainsi de l'extrait d'un arpenteur oriental, dont on est redevable à Golius, dans les notes dont il a illustré les élémens d'astronomie de l'Alfergane (Voyez pag. 74).

De ces trois coudées, celle à laquelle il semble qu'on doive avoir plus d'égard, surtout par rapport à l'usage et à une plus grande convenance avec ce qui est de l'espèce de coudée en général, est la commune. Et ce qui devient essentiel pour parvenir à en fixer la mesure, je dis que celle qui se déduit de l'analyse de la mesure de la terre, faite par ordre du calife Almamoun dans les plaines de Sinjar en Mésopotamie, ne peut se rapporter mieux qu'à la coudée qualifiée de commune ou ordinaire. Selon la narration d'Abulfeda sur la mesure d'Almamoun, le degré terrestre sur le méridien fut évalué cinquante-six milles arabique et deux tiers; et l'Alfergane (ch. 8.) dit que le mille en cette mesure étoit composé de quatre mille coudées. En prenant le degré à cinquante-sept mille toises de compte rond (par la raison dont nous avons cru devoir le faire en parlant de la mesure du Temple), le mille arabique revient à mille six au plus près. Les mille toises font la coudée de dix-huit pouces; et si l'on veut avoir égard à l'excédant de six toises, il en résultera une ligne et à peu près trois dixièmes de ligne par-delà.

Le docte Golius a cru, qu'il étoit question de la coudée noire dans la mesure d'Almamoun, sur ce que l'Alfergane s'est servi du terme de coudée royale, pour désigner celle qu'il a pensé être propre à cette mesure. Il faut convenir d'ailleurs, que l'opinion veut que cette coudée doive son établissement à Almamoun; et qu'elle fut ainsi appelée, pour avoir été prise sur le travers de main ou palme naturel d'un esclave éthiopien au service de ce prince, et qui s'étoit trouvé fournir plus d'étendue qu'aucun autre. Mais, outre que l'arpenteur cité par Golius, applique l'usage de la coudée noire à la mesure des étoffes de prix dans Bagdad, la proportion établie entre les différentes coudées arabiques, est d'un grand inconvénient pour l'application de la coudée noire à la mesure de la terre sous Almamoun. Remarquez: 1°. Que la coudée noire, avec l'avantage de trois doigts sur la coudée commune, n'auroit point toutefois d'excédant trop marqué sur la portée ordinaire, si son évaluation n'alloit qu'à dix-huit pouces; 2°. Que la coudée commune, qui seroit à deux pouces au-dessous, pourroit conséquemment paroître foible, puisque nous voyons que la coudée d'usage chez les Juifs, malgré son infériorité à l'égard de la coudée légale, s'évalue au moins dix-sept pouces; 3°. Que la coudée ancienne, qui est appelée hashémide, ne monteroit par proportion qu'à vingt et un pouces et quelques lignes, quoiqu'il y ait des raisons pour la vouloir plus forte. Car, selon le Marufide, la hauteur de la Basilique de Sainte-Sophie, qui, du pavé au dôme, est de soixante-dix-huit coudées hashémides, s'évalue par Evagrius à cent quatre-vingts pieds grecs; et par une suite de la proportion qui est entre le pied grec et le nôtre, la coudée dont il s'agit montera à vingt-six pouces et près de deux lignes. Ce n'est pas même assez, si l'on s'en rapporte au module de la coudée hashémienne du Marufide, qu'Edvard-Bernard dit être marqué sur un manuscrit de la bibliothèque d'Oxford, et qu'il évalue vingt-huit pouces neuf lignes du pied anglais, ce qui égale à peu de chose près vingt-sept pouces du pied de Paris. Les mesures données par le Marufide de la longueur et largeur de Sainte-Sophie, savoir: cent une coudées d'une part, et quatre-vingt-treize et demie de l'autre, feront la coudée plus forte, si on les compare aux dimensions de Grelot, quarante-deux toises et trente-huit. La comparaison n'étant point en parfaite analogie, il résultera de la longueur près de trente pouces dans la coudée, et de la largeur vingt-neuf pouces trois lignes de bonne mesure.

Je sens bien que l'on pourroit se croire en droit de prétendre, que l'évaluation quelconque de la coudée ancienne ou hashémide ait une influence de proportion sur les autres coudées; et qu'elle fasse monter la commune à vingt pouces trois lignes, en se conformant à l'étalon même de la coudée hashémide, puisque la comparaison apparente entre ces coudées est comme de quatre à trois. Mais, un tel raisonnement ne suffisant pas pour supprimer et rendre nulle l'analyse de coudée, résultante de la mesure positive du degré terrestre sous Almamoun, quand même cette mesure ne seroit pas jugée de la plus grande précision; il sera toujours naturel de présumer, qu'il n'y a point de proportion entre les différentes coudées arabiques qui soit plus propre à cadrer à cette analyse de coudée, que la coudée commune. Et la coudée noire y sera d'autant moins convenable, qu'en conséquence de la mesure hashémide, elle devoit monter à vingt-deux pouces et neuf lignes.

Thévenot, dont l'exactitude et l'habileté au-dessus du commun des voyageurs sont assez connues, ayant remarqué dans une géographie écrite en persan, que le doigt, la quatrième partie du palme, la vingt-quatrième de la coudée, étoit défini à six grains d'orge mis à côté l'un de l'autre, (définition qui est en effet universelle chez tous les auteurs orientaux), dit avoir trouvé que la mesure des six grains d'orge multipliée huit fois, revenoit à six pouces de notre pied ; d'où il conclut, que la coudée composée de cent quarante-quatre grains doit valoir un pied et demi. (Voyez liv. II. du second Voyage, ch. 7.) Or, n'est-ce pas là ce qui résulte, non-seulement de la mesure du degré terrestre par ordre d'Almamoun, mais encore de l'application spéciale que nous faisons de la coudée commune à cette mesure? Je remarque que la coudée noire, par proportion avec la mesure analysée de la commune, sera de vingt pouces et quatre à cinq lignes par-delà, ce qui, pour le dire en passant, prend beaucoup de couvenance avec la coudée égyptienne et hébraïque. Or, cette coudée noire n'ayant excédé la commune, que parce que le travers de main de l'Ethiopien, ou le palme qu'on prenoit pour étalon, surpassoit la mesure plus ordinaire, non parce qu'il fut question de déroger à la définition de la coudée sur le pied de six palmes : n'est-ce pas en effet charger très-sensiblement la proportion naturelle que d'aller à vingt pouces et près de demi, tandis que les six palmes grecs, quoique proportionnés à une stature d'homme de cinq pieds huit pouces, comme il a été remarqué précédemment, ne s'évaluent que dix-sept pouces? Si ces convenances et probabilités ne s'étendent point à la comparaison qui est faite de la coudée ancienne ou hashémide avec les autres coudées; disons, que cette comparaison n'est vraisemblablement que numéraire à l'égard des palmes et des doigts, sans être proportionnelle quant à la longueur effective. Ne voit-on pas une pareille diversité entre des mesures de pied, bien qu'ils soient également de douze pouces? Et pour trouver un exemple dans notre sujet même, quoique la coudée noire excédât la commune de la valeur de trois doigts des vingt-quatre de cette commune, avoit-on pris plus de six palmes pour la composer?

Cette discussion de la coudée arabique, qui ne regarde qu'un point particulier dans ce qui a fait l'objet de notre Dissertation, m'a néanmoins occupé d'autant plus volontiers, que je n'ai point connu que ce qui en résulte eût été développé jusqu'à présent.

MÉMOIRE

SUR TUNIS.

N°. IV.

MÉMOIRE SUR TUNIS.

QUESTIONS.	SOLUTIONS.
Ire.	Ire.

LES *Beys qui gouvernent Tunis sont-ils Turcs ou Arabes ? A quelle époque précisément se sont-ils emparés de l'autorité que les deys avoient auparavant ?*

IL y a à peu près cent cinquante ans que les beys de Tunis ont enlevé l'autorité aux deys, mais ils n'ont pas gardé sans révolutions la puissance qu'ils avoient usurpée. Le parti des deys l'emporta sur eux à plusieurs reprises, et ne fut entièrement abattu qu'en 1684, par la fuite du dey Mahmed-Icheleby, dépossédé par Mahmed et Aly-

QUESTIONS.	PIÈCES SOLUTIONS.
	Bey, son frère. Une monarchie héréditaire s'établit alors, et Mahmed-Bey, auteur de la révolution, en fut la première tige. Ce nouvel ordre de choses fut aussitôt interrompu qu'établi: le dey d'Alger ayant à se plaindre des Tunisiens, vint expliquer ses prétentions à la tête de son
13 octobre 1689.	armée, mit le siége devant Tunis, s'en empara par la fuite du bey, et fit reconnoître à sa place Ahmed-ben-Chouques. Mahmed-Bey ayant réussi à mettre dans son parti les Arabes des frontières, s'avança contre Ahmed-ben-Chouques, lui livra bataille, la gagna, et vint mettre le
13 juillet 1695.	siége devant Tunis. Son compétiteur s'étant retiré à Alger

QUESTIONS.	SOLUTIONS.
	après l'issue de la bataille, Mahmed-Bey parvint sans peine à s'emparer de la capitale; il y établit de nouveau son autorité, et la conserva jusqu'à la mort. Ramadan-Bey, son frère, lui succéda : la bonté de son caractère annonça aux Tunisiens un règne tranquille : elle ne les trompa pas, mais elle causa sa perte. Son neveu Monet, fils d'Aly-Bey, impatient de jouir du trône auquel il étoit appelé, profita de l'indolence de son oncle, se révolta, le fit prisonnier, et le fit mourir. Le règne de Mourat, trop long pour le bonheur du peuple, fut signalé par des cruautés excessives. Le Turc Ibrahim-Chérif en arrêta heureu-

QUESTIONS.	SOLUTIONS.
10 *juin* 1702.	sement le cours, en l'assassinant. La branche de Mahmed-Bey se trouvant éteinte par ce meurtre, Ibrahim pouvoit sans peine se faire reconnoître bey par le divan et par la milice. Dans la suite, ayant été fait prisonnier dans une bataille qu'il perdit contre les Algériens, l'armée élut pour le remplacer, Hassan-ben-Aly, petit-fils d'un renégat grec. Une nouvelle dynastie commença avec lui, et elle s'est soutenue jusqu'à ce jour sans interruption. Le nouveau bey sentit bien qu'il ne seroit pas sûr de son pouvoir tant qu'Ibrahim seroit vivant. Cette considération le porta à tenter divers moyens pour l'attirer auprès de lui. Il y réussit,

QUESTIONS.	SOLUTIONS.
	en publiant qu'il n'étoit que dépositaire de l'autorité d'Ibrahim, et qu'il n'attendoit que sa présence pour abdiquer. Ibrahim trompé par
10 *janvier* 1706.	cette soumission apparente, se rendit à Porto-Farina, où on lui trancha la tête.
	Hassan-ben-Aly régnoit paisiblement; il ne manquoit à son bonheur que de se voir un héritier; mais ne pouvant avoir d'enfant d'aucune des femmes qu'il avoit prises, il se décida à désigner pour son successeur Aly-Bey, son neveu, qui commandoit les camps. Plusieurs années se passèrent ainsi; lorsqu'il se trouva dans une prise faite par les corsaires de la régence, une femme génoise qui fut mise

QUESTIONS.	PIÈCES SOLUTIONS.
	dans le harem d'Hassan-ben-Aly. Cette femme, qui lui plut, devint enceinte; lorsque sa grossesse fut constatée, il assembla son divan, et lui demanda si, en cas que cette femme qu'il avoit en vain sollicitée de se fait turque vint à lui donner un prince, il pouvoit être reconnu, et lui succéder : le divan opina que cela ne pouvoit être, à moins que l'esclave chrétienne n'embrassât la loi de Mahomet. Hassan-ben-Aly fit de nouvelles instances auprès de son dalique, qui se décida enfin à se renier. Elle accoucha d'un prince, qui fut nommé Mahmed-Bey, et en eut ensuite deux autres, Mahmoud et Aly-Bey. Hassan-ben-Aly se voyant trois héri-

QUESTIONS.	SOLUTIONS.
	tiers, fit connoître à son neveu Aly-Bey que le ciel ayant changé l'ordre des choses, il ne pouvoit plus lui laisser le trône après lui; mais que voulant lui donner une preuve constante de son amitié, il alloit acheter pour lui la place de pacha que la Porte nommoit encore à Tunis. Le jeune bey se soumit à la volonté de son oncle, accepta la place promise, et prit le titre d'Aly-Pacha. Son ambition parut satisfaite; mais il affectoit un contentement, qu'il n'éprouvoit pas, pour couvrir les grands desseins qu'il avoit conçus: il souffroit impatiemment de voir passer le sceptre en d'autres mains que les siennes; et, pour s'épargner cette hon-

QUESTIONS.	SOLUTIONS.
	te, il s'enfuit de Tunis à la montagne des Osseletis, se mit à la tête d'un parti qu'il s'étoit fait secrètement, et vint attaquer son oncle, Hassan-ben-Aly. Le succès ne répondit pas à son attente. Il fut défait, et se voyant obligé de quitter son asile, il se réfugia à Alger; pendant son exil il intrigua, et, à force de promesses, il engagea les Algériens à lui donner des secours. Ils s'y décidèrent, marchèrent à Tunis, et, après une victoire complète, ils obligèrent Hassan-ben-Aly à quitter sa capitale, et à se réfugier au Keyrouan. A la suite de la guerre civile, qui amena la famine, ce prince fugitif quit-
1735.	

QUESTIONS.	SOLUTIONS.
	ta le Keyrouan pour aller à Sousse.
Un capitaine français, de la Ciotat, nommé Bareilbier, qui lui étoit attaché depuis long-temps, lui donna des preuves de son dévouement, en allant continuellement lui chercher des blés et des vivres : le prince lui en faisoit ses obligations, qu'il devoit remplir en cas que la fortune le remît sur le trône. Mais elle lui devint de plus en plus contraire; et, privé de toute ressource, il se décida à envoyer ses enfans à Alger, qui semble être le réfuge de tous les princes fugitifs de Tunis, espérant pouvoir les y rejoindre; mais lorsqu'il s'y disposoit, Younnes-Bey, fils aîné d'Aly-Pacha,

QUESTIONS.	PIÈCES SOLUTIONS.
	le surprit dans sa fuite, et lui trancha lui-même la tête. Aly-Pacha, défait de son plus dangereux ennemi, paroissoit devoir jouir d'un sort paisible; mais sa tranquillité fut troublée par la division qui se mit entre ses enfans. Mahmed-Bey, pour lequel il avoit de la prédilection, forma le projet d'enlever à Younnes-Bey, son aîné, le trône qui lui étoit dévolu. Il tâcha en conséquence d'indisposer son père contre son frère, et y réussit. Aly-Pacha, séduit par ses raisons, voulut le faire arrêter; Younnes l'apprit, se révolta, et s'empara du château de la Gaspe et de la ville de Tunis : il y fut forcé par Aly-Pacha et obligé de se réfugier à Al-

JUSTIFICATIVES. 339

QUESTIONS. SOLUTIONS.

ger. Mahmed-Bey, débarrassé d'un concurrent dangereux, songea aussi à se défaire de son cadet, et il lui fit donner du poison. Il se fit reconnoître héritier présomptif, et paroissoit devoir jouir un jour du sort que ses crimes lui avoient préparé, lorsque les choses changèrent de face. La ville d'Alger éprouva une de ces révolutions si fréquentes dans les gouvernemens militaires; un nouveau dey fut nommé, et le choix de la milice tomba sur le Turc Aly-Tchaouy. Il avoit été précédemment en ambassade à Tunis, et y avoit reçu un affront de ce même Younnes-Bey qui se voyoit réduit à implorer sa protection. Loin d'avoir égard à ses priè-

QUESTIONS.	PIÈCES SOLUTIONS.
	res, il prit, pour se venger, le parti des enfans d'Hassan-bey-Aly, en leur donnant des troupes, commandées par le bey de Constantine, pour le replacer sur le trône. Le succès couronna leur entreprise ; ils saccagèrent la ville de Tunis, et firent prisonnier Aly-Pacha, qui fut immédiatement étranglé. Mahmed-Bey, fils aîné d'Hassan-ben-Aly, fut mis sur le trône. Ce bon prince ne régna que deux ans et demi, et laissa deux enfans en bas âge, Mahmoud et Ismaïl-Bey. Aly-Bey son frère lui succéda, avec promesse, dit-on, de remettre le trône aux enfans de son frère, lorsque l'aîné seroit en état de l'occuper. Le

JUSTIFICATIVES. 341.

QUESTIONS.	SOLUTIONS.
	desir de le perpétuer dans sa propre race l'empêcha de la tenir. Il chercha peu à peu à éloigner ses neveux du gouvernement et à y élever son fils. Il montra le jeune Hamoud au peuple, lui donna le commandement des camps, et enfin sollicita pour lui, à la Porte, le titre de pacha : il assura par là le suffrage du peuple à son fils; et, à force d'égards, il se rendit si bien maître de l'esprit de ses neveux, qu'à sa mort, arrivée
26 mai 1782.	en 1782, ils se désistèrent eux-mêmes de leurs prétentions, et furent les premiers saluer Hamoud-Pacha leur cousin, unique bey de Tunis.
	Depuis cette époque, l'Etat n'a été troublé par aucune ré-

QUESTIONS.	SOLUTIONS.
	volution; et ceux qui pourroient en exciter, paroissent trop bien unis au bey pour leur en supposer l'envie.

Le souvenir des malheurs passés, le spectacle des troubles d'Alger, ont trop appris aux Tunisiens à quel point il faut se méfier de l'esprit inquiet et remuant des Turcs, pour les admettre dans le gouvernement. Aussi les beys ont-ils peu à peu cherché à abolir l'autorité qu'ils avoient usurpée : ils se sont attachés à les éloigner des places importantes de l'administration réservées aux indigènes et aux Géorgiens, et à ne leur laisser absolument que celles qui n'ont plus qu'une ombre d'autorité. Ainsi donc, quoique la |

JUSTIFICATIVES. 343

QUESTIONS. SOLUTIONS.

famille régnante soit regardée comme turque, puisque Hassan-ben-Aly descend d'un renégat grec, le gouvernement doit être considéré comme maure.

IIe, XVIIe, XVIIIe.   IIe, XVIIe, XVIIIe.

11e.

Quelles sont les nations de l'Europe auxquelles Tunis a accordé des capitulations? A quelle époque et à quelles conditions ont-elles été accordées? Existent-elles encore?

XVIIe.

Quelles sont les nations qui ont des consuls à Tunis? Y a-t-il des nations qui permettent à leurs consuls de faire le commerce?

La France, l'Angleterre, la Hollande, la Suède, le Danemarck et l'Espagne, sont les nations européennes auxquelles Tunis a accordé des traités; on peut même comprendre dans ce nombre Venise, malgré la guerre actuelle qu'elle a avec cette régence et l'Empereur, dont le pavillon n'a été abattu qu'en raison de sa rupture avec la Porte. Les Ragusais, comme tributaires du Grand-Seigneur, ont aussi

QUESTIONS.	SOLUTIONS.
XVIII*e*. *Combien y a-t-il de maisons étrangères établies à Tunis pour leur commerce, et de quelle nation ces maisons sont-elles ? Sont-elles toutes dans la capitale ?* N. B. *On a réuni ces questions, ainsi que quelques autres suivantes, à cause du rapprochement qu'elles ont entre elles.*	leur traité, mais sans pavillon et sans commerce, et seulement pour la franchise de leurs navigations. Les capitulations de la France avec Tunis sont les plus anciennes; elles datent de 1685, quoiqu'il y en ait d'antécédentes et qui n'existent plus, et qui ne sont pas rappelées dans ce traité. Celui de l'Angleterre a été fait cinq ou six mois après, et celui de la Hollande peu d'années ensuite. La paix des autres nations, nommées ci-dessus, n'a pas une époque plus reculée que celle de quarante à cinquante ans. En donnant ici un résumé des capitulations de la France, on peut juger de celles des autres na-

QUESTIONS.	SOLUTIONS.
	tions, puisque c'est sur ces capitulations qu'on a à peu près calqué les leurs. Par un article des traités, et relativement à ce qui se pratique à la Porte envers les ambassadeurs, le consul de France à Tunis a le pas sur les autres consuls. Sa Majesté lui accorde le titre de consul-général et de chargé des affaires, parce que, d'un côté, il est dans le cas d'administrer la justice aux maisons établies sur l'Echelle et aux navigateurs qui y abordent; et que d'un autre il traite des intérêts des deux puissances. Tous les consuls ont le droit de faire le commerce, à l'exception de celui de France, auquel cela est défendu, sous

QUESTIONS.	SOLUTIONS.
	peine de destitution : cette sage défense est fondée sur ce qu'il pourroit se trouver juge et partie en même temps, et de plus un concurrent trop puissant pour les marchands, puisque la considération, attachée à sa place, lui feroit aisément obtenir la préférence dans les affaires.
	Les autres nations n'ayant aucun négociant établi sur l'Echelle, par une conséquence contraire permettent à leurs consuls de faire le commerce.
En 1787.	Il y a huit maisons de commerce établies à Tunis, toutes françaises, et fixées dans la capitale.
IIIe. *A combien fait-on monter la population de l'Empire ? Sont-ce*	**IIIe.** On faisoit monter à quatre ou cinq millions d'ames la po-

QUESTIONS.	SOLUTIONS.
les Maures ou les Arabes qui sont les plus nombreux ? Paient-ils l'impôt par tribu ou par individu ? Y a-t-il quelque proportion dans les impositions ? Y a-t-il des Arabes fixés dans la ville ?	pulation de l'Empire avant la peste ; mais on peut dire qu'elle en a enlevé environ un huitième : le nombre des Arabes surpasse celui des Maures. Il est des impôts qui se paient par tribus et d'autres par individus : il n'y a absolument aucune règle pour mettre quelque proportion dans les impôts, et rien en général ne dépend plus de l'arbitraire. Il y a des Arabes fixés dans la ville, mais ce ne sont pas les citadins les plus nombreux.
IVe.	IVe.
Y a-t-il dans le cœur du royaume, ou sur les frontières, beaucoup de tribus qui se refusent aux impositions ? Sont-ce les Maures ou les Arabes qui sont les plus in-	Il y a quelques tribus sur les frontières qui se refusent parfois aux impositions, mais les camps qu'on envoie pour les prélever les contraignent bientôt à payer. Ce sont en

QUESTIONS.	SOLUTIONS.
dociles ? Quels sont les plus riches, des Maures ou des Arabes? Les hordes errantes afferment-elles quelquefois les terres des habitans des villes, pour les cultiver ou pour y faire paître leurs troupeaux ? En quoi consistent ces troupeaux ?	général les Arabes qui sont les plus indociles. Il est à présumer que les Maures sont plus riches, en ce qu'ils se livrent en même temps à l'agriculture, au commerce, aux manufactures et aux emplois. Tandis que les premiers se bornent à l'agriculture, les hordes errantes afferment souvent des terres des habitans des villes, soit pour les cultiver, soit pour y faire paître leurs troupeaux qui consistent en gros et en menu bétail, en chameaux, qui leur servent pour le transport, dont ils filent le poil, et dont le lait leur sert de nourriture : ils se nourrissent souvent de l'animal lui-même. Les beaux chevaux sont devenus très-rares ; les Ara-

JUSTIFICATIVES.

QUESTIONS.	SOLUTIONS.
	bes s'étant dégoûtés d'en élever, fatigués de voir le gouvernement ou ses employés leur enlever à vil prix le moindre cheval passable.
V^e.	**V^e.**
Y a-t-il beaucoup de propriétaires de terres ? Ces propriétaires sont-ils tous dans les villes, ou y en a-t-il encore dans des maisons isolées ou dans des villages ? Ces derniers ne sont-ils pas exposés aux brigandages des hordes errantes ?	Quoique le bey possède beaucoup de terres, quoiqu'il y en ait beaucoup dont les revenus appartiennent à la Mecque, il ne laisse cependant pas d'y avoir quantité de propriétaires ; ils sont dans les villes, dans les villages et même dans des habitations isolées, et dans cette position, peu exposés aux brigandages des hordes errantes.
VIe.	**VIe.**
A combien peut s'élever le revenu de l'Etat ? Quels sont les	Autant qu'il est possible d'évaluer les finances d'un Etat,

QUESTIONS.	PIÈCES SOLUTIONS.
objets qui le forment ? Les dépenses ordinaires le consomment-elles en entier, ou peut-on en mettre une partie en réserve ? Croit-on que le bey ait un trésor, et un trésor considérable ?	dont la plupart des revenus sont annuellement aux enchères, et dont une grande partie consiste en vexations, on peut faire monter à vingt-quatre millions les revenus du bey de Tunis. Les objets qui les forment, sont les douanes, les permissions de sortie pour les denrées, le bail des différentes sommes d'argent que donne chaque nouveau gouverneur, et dont la somme est toujours plus considérable par les enchères annuelles, le revenu de son domaine, la dîme qu'il prend sur les terres, le produit des prises, la vente des esclaves, etc. etc. Il s'en faut que les dépenses consomment annuellement le revenu, dont une partie est

QUESTIONS.	SOLUTIONS.
	mise en réserve chaque année.
	Il n'y a point de doute que le bey n'ait un trésor considérable, et qu'il augmente sans cesse; la plus sordide avarice étant un de ses défauts. La paix de l'Espagne vient d'enfler ce trésor de quelques millions, et Venise ne tardera pas à en faire de même.
	Alger et Constantine font parfois de fortes saignées à ce trésor, que le gouvernement de Tunis pourroit garantir de leurs atteintes, s'il en employoit une partie à l'entretien de ses places, à celui de sa marine et de quelques troupes disciplinées.

QUESTIONS.

VII.

Y a-t-il beaucoup d'esclaves chrétiens à Tunis ? En a-t-il été racheté dans les dernières années, et à quel prix ? De quelle nation étoient-ils ?

SOLUTIONS.

VII.

Le nombre des esclaves chrétiens, à Tunis, est assez considérable, et s'est beaucoup accru depuis quelques années, en raison de la jeunesse et de l'esprit militaire du bey qui encourage la course, en faisant sortir lui-même beaucoup de corsaires. On ne peut précisément savoir le nombre de ces esclaves, parce qu'on en prend et qu'on en rachète fréquemment : ils sont en général Napolitains, Vénitiens, Russes et Impériaux. Dans ce moment-ci Naples fait racheter les siens le plus qu'elle peut, Gênes parfois, Malte presque jamais ; mais la religion fait quelquefois des échanges, dans lesquels Tu-

JUSTIFICATIVES.

QUESTIONS.	SOLUTIONS.
	nis gagne toujours, ne relâchant jamais qu'un Maltais pour deux, trois et quatre Musulmans.
Depuis l'époque du prince Paterno, le rachat ordinaire a été fixé à trois cents sequins vénitiens, et six cents piastres les rachats doubles.	Le rachat des esclaves appartenant au bey, qui sont le plus grand nombre, est fixé à deux cent trente sequins vénitiens pour les matelots, et quatre cent-soixante pour les capitaines et les femmes, de quelque âge qu'elles soient ; les particuliers suivent assez ce prix, dont ils se relâchent cependant quelquefois, soit à raison de la vieillesse de l'esclave, soit à cause de son peu de talent. Quel mensonge! pour ne pas dire plus. On peut assurer que le sort des esclaves à Tunis est en général fort doux; plusieurs y restent ou

QUESTIONS.	SOLUTIONS.
	y reviennent après avoir été rachetés : quelques-uns obtiennent leur liberté à la mort de leur maître ou de son vivant.
VIIIe.	VIII.
Quel est le nombre des troupes qu'entretient le bey, et de quelle nation sont-elles ? Combien lui coûtent-elles ? Sont-elles un peu disciplinées et aguerries ? Où sont-elles placées ?	Le bey entretient environ vingt mille hommes, cinq milles Turcs, Mamelucks ou Krougoulis : ces derniers sont naturels du pays, mais fils de Turcs ou de Mamelucks, ou de leur race ; deux mille Spakis-Maures, sous le commandement de quatre agas, savoir l'aga de Tunis, du Kairouant, du Ref et de Bejea ; quatre cents Ambas-Maures, sous le commandement du bachictenba leur chef ; deux ou deux mille cinq cents Zouavas-Maures de tous les pays,
Nota. *A l'expédition de Tripoli, le bey a fait une augmentation considérable dans les troupes. Il a enrôlé quasi tous les jeunes krougoulis du royaume, au nombre de plus de douze cents ; ce qui fait qu'aujourd'hui les troupes réglées coûtent au gouvernement environ sept cent mille piastres par an.*	

JUSTIFICATIVES.

QUESTIONS.	SOLUTIONS.
	sous les ordres de leur hodgia. Il existe environ vingt mille hommes enrôlés dans les corps de Zouavas, mais le gouvernement n'en paie que deux mille cinq cents au plus : les autres ne jouissent que de quelques franchises, et servent dans les occasions extraordinaires.
	Onze à douze mille Arabes de la campagne, des races des Berdes, Auledt, Seïds, Auledt Hassan, etc. etc., compris tous collectivement sous le nom de Mazerguis : ceux-ci servent pour accompagner les camps et les troupes réglées, pour veiller sur les mouvemens des Arabes tributaires, et particulièrement sur quelques chefs d'Arabes

QUESTIONS.	PIÈCES SOLUTIONS.
	indépendans, qui sont campés sur les confins de Tunis et de Constantine.
	Les Turcs, Mamelucks et Krougoulis, qui représentent l'ancienne milice, coûtent aujourd'hui au gouvernement sept cent mille piastres de Tunis et plus, par an.
Il n'y a aujourd'hui que deux compagnies de mameloucks, seulement d'environ vingt-cinq chacune.	La plus grande partie des Mamelucks est destinée à la garde du bey, divisée en quatre compagnies, chacune de vingt-cinq Mamelucks. Ceux-ci, outre leur paye, ont tous les six mois vingt piastres de gratification, et quelques petites rétributions en étoffes et en denrées. Ils sont aussi porteurs des ordres que le gouvernement fait passer aux gouverneurs et cheiks. Lors-

QUESTIONS.	SOLUTIONS.
	que ces ordres ont pour objet des contestations de particuculiers, c'est à ceux-ci à les entretenir pendant leur mission.
	Quelques Turcs et Krougoulis sont aussi employés à la garde du bey, et on leur fait à peu près les mêmes avantages qu'aux Mameluks: le gouvernement ne les emploie que dans les affaires qui ont rapport à la milice. Il en est de même des Ambas-Maures et des Spakis.
	Près de la moitié des soldats est à Tunis. Elle est destinée à la garnison de la ville et au camp: le reste est réparti sur les frontières.

SAVOIR:

A Tabarque, ... 600
Gafsa, ... 75

675

QUESTIONS.	PIÈCES SOLUTIONS.
	675
Gerbis, ...	75
Mehdia, ...	50
Galipia, ...	50
Hamamet, ...	50
Bizerte, ...	150
Portofarina, ...	100
La Goulette, ...	300
Total	1450

On compte environ huit cents Zouavas employés dans les garnisons,

SAVOIR :

A Gerbis, ...	100
Zarsis, ...	25
Beben, ...	25
Gouvanes, ...	25
Guebes, ...	25
Hamma, ...	25
Haxe, ...	25
Sousse, ...	25
Taburba, ...	50
Sidi-Daoud, ...	25
	350

JUSTIFICATIVES.

QUESTIONS.	SOLUTIONS.
	250
Dans les châteaux de Tunis, ...	150
TOTAL......	500
A Aubarde, ...	200
La Goulette, ...	50
TOTAL......	750

Le gouvernement emploie le reste des Zouavas qu'il soudoie, au camp qu'il envoie tous les ans sur les frontières de Tripoli.

IXe.

Y a-t-il quelques caravanes dans le royaume? Où vont-elles? Font-elles un commerce considérable? Quels sont les objets d'échanges? Rendent-elles quelque chose au gouvernement?

IXe.

Deux caravanes font, chaque année, des voyages réglés à Tunis; l'une vient de Constantine et l'autre de Godemes. Celle de Constantine se renouvelle huit à dix fois l'année, achète de la mercerie, de la quincaillerie, des

QUESTIONS.	SOLUTIONS.
	drogues, des épiceries, du drap, des toiles, de l'argenterie, des bijoux et des bonnets de la fabrique de Tunis, qu'elle paie avec du bétail, des bernus et des piastres fortes coupées. Celle de Godemes fait rarement plus de trois voyages; elle apporte des nègres, achète de la mercerie, de la quincaillerie, des toiles, d'autres articles détaillés ci-dessus, et généralement tout ce qui peut servir à alimenter le commerce qu'elle fait dans l'intérieur de l'Afrique : le gouvernement ne retire aucun droit direct sur ces caravanes.
X^e. *Le gouvernement s'est-il réservé quelque branche de commerce ?*	X^e. La branche de commerce que le gouvernement s'est réservée sont les cuirs, les ci-

QUESTIONS.	SOLUTIONS.
	res qu'il abandonne annuellement à une compagnie de Juifs ou de Maures, moyennant une rétribution de draps, d'étoffes ou d'argent; les soudes ou barils qu'il vend au plus offrant; la pêche du thon, dont le privilége se paie annuellement vingt mille francs; celle du corail, pour laquelle la compagnie d'Afrique paie annuellement à peu près la même somme.
XIe.	XIe.
À quelles sommes se sont montées, l'année dernière 1787, les exportations de Tunis pour le Levant, et les importations du Levant à Tunis ?	Il est de toute impossibilité de calculer, même d'une manière approximative, les exportations de Tunis pour le Levant. Les douanes, dispersées dans les différens ports du royaume, ne tiennent que des

QUESTIONS.	SOLUTIONS.
	registres informes : il se fait d'ailleurs beaucoup de contrebande que les gouverneurs et les douaniers facilitent, parce que le premier profit leur en revient.
XIIe et XIIIe.	XIIe et XIIIe.

XIIe et XIIIe.

XIIe.

A quelles sommes se sont montées, à la même époque, les exportations de Tunis pour l'Europe, et les importations de l'Europe à Tunis ?

XIIIe.

Dans quels ports ont été faits les chargemens, et par les vaisseaux de quelle nation de l'Europe ou du Levant a eu lieu ce commerce ?

XIIe et XIIIe.

Le tableau succinct et aussi fidèle qu'il est possible, que l'on va donner ci-après, répondra pleinement à ces deux questions.

Résultat des États de commerce de l'année 1787.

Les marchandises que nous avons importées de Tunis, montent à....	5,225,844
Celles que nous avons extraites, à......	4,634,531
Reste donc en excédant de p........	591,313

JUSTIFICATIVES.

QUESTIONS.	SOLUTIONS.	
	En résumant ces deux premières sommes qui font	9,860,375
	En comparant ce total à celui du commerce actif et passif de toutes les nations étrangères, qui monte à	5,108,477
	Il résulte que la balance est en notre faveur	4,751,898
	Il en est de même des tonnages respectifs; le nôtre monte à . T. .	12,806
	Celui des étrangers, à . . . . . T	6,870
	Le nôtre l'emporte de . . . . T	5,936

Les étrangers eux-mêmes ont mis en activité une partie de nos bâtimens. Les chargemens ont été faits à Tunis, Bizerte, Portofarine, Sousse et Gerbis; quant aux mar-

QUESTIONS.	SOLUTIONS.
	chandises d'entrées, elles entrent toutes dans le royaume par le port de la Goulette.
Selon la note mise au bas des Questions de M. l'abbé Raynal, il se trouve que l'importation de Marseille à Tunis ne s'est élevée, en 1787, qu'à 1,009,963 l., tandis que, d'après l'état ci-dessus, elle monte à 5,225,844 l. La différence étonnante qui se trouve entre ces deux calculs, provient de ce qu'on n'a compté, dans les premiers, que les marchandises proprement dites, tandis qu'on y a ajouté l'argent reçu de Marseille, et les traites tirées directement sur cette place, ou par la voie de Livourne : ces deux objets se montent à 4,215,881 l.;

JUSTIFICATIVES. 365
QUESTIONS. SOLUTIONS.

et c'est effectivement, à peu de chose près, l'excédant qui se trouve en espèces de ce calcul, à celui qui a été remis d'ailleurs à M. l'abbé Raynal.

XIVe.

Y a-t-il beaucoup de propriétaires de terres? Ces propriétés sont-elles considérables et assurées? Le gouvernement n'hérite-t-il point de ceux qui ne laissent pas d'enfans, comme il hérite de tous ses agens?

XIVe.

Il est impossible de savoir l'évaluation des propriétés en fonds de terres, ainsi que la proportion qu'il peut y avoir entre les domaines, les propriétés particulières, et la masse générale. Le gouvernement possède en propre une grande partie de terres, mais il n'a aucun cadastre des propriétés particulières. Il perçoit la dîme sur les récoltes, et rien sur les fonds de terres, de manière que tant que les champs d'un particu-

QUESTIONS.	SOLUTIONS.
	lier restent en friche, ils ne rapportent absolument rien au gouvernement. On ne voit point ici de grands propriétaires de terres comme en Europe; toute propriété est sous la sauve-garde de la loi, et n'éprouve que très-rarement l'avidité du fisc. Le gouvernement, depuis quelque temps, et particulièrement sur la fin du règne d'Aly-Bey, s'est assez respecté lui-même pour ne pas toucher aux biens de ses sujets, et même à ceux de ses agens qui, après avoir fait des fortunes assez considérables et en avoir joui paisiblement, en ont laissé la propriété à leurs héritiers. Les Hanefis (ce terme générique désigne les Turcs et

JUSTIFICATIVES. 367

QUESTIONS. SOLUTIONS.

les Mamelucks) qui meurent sans enfans ou autres héritiers légitimes, peuvent disposer, selon la loi, du tiers de leurs biens, et le fisc hérite du reste.

Il hérite aussi de tous les Melckis (ce sont des Maures) qui ne laissent point d'enfans mâles; et si les héritiers sont des filles, le fisc entre en partage avec elles selon la loi. On appelle Ben-Elmengi l'agent du fisc chargé du recouvrement; il fait vendre les biens-fonds ou mobiliers, et en verse le produit dans la caisse du domaine.

XVᵉ.

Quel est le nombre des bâtimens corsaires qu'entretient le gouvernement? De quelle espèce sont ces bâti-

XVᵉ.

Le gouvernement entretient ordinairement quinze à vingt corsaires; ils consistent en trois grosses barques de

QUESTIONS.

mens ? Quel est le port où ils se tiennent ?

On l'a augmenté dernièrement de deux kerlanglisches d'un gros bâtiment suédois qu'on a percé pour vingt-quatre pièces de canons, et d'un chebeck dont la République française lui a fait présent.

XVIe.

Quel est le droit que paie chaque bâtiment ? Quel est le droit que paie chaque marchandise d'exportation ou d'importation ? Le

PIÈCES SOLUTIONS.

vingt pièces de canon, et de cent trente hommes d'équipage, quelques chebecks de moindre force, des galliotes et des felouques. Portofarine est le seul port qui serve aux armemens du prince. Les corsaires des particuliers ne sont pas plus nombreux, et à peu près dans la même proportion de forces; ils arment et ils désarment dans tous les ports du royaume, s'attribuent la dîme sur toutes les prises que font les corsaires particuliers.

XVIe.

Tout bâtiment en lest ne paie rien; tout bâtiment qui décharge paie dix-sept piastres et demie, et autant s'il

QUESTIONS.	SOLUTIONS.
droit est-il le même pour toutes les nations de l'Europe et pour les gens du pays ? A-t-il varié depuis quelques années.	charge. Les Français, pour les marchandises venant de France et sous le pavillon français, ne paient que trois pour cent ; sur les marchandises venant d'Italie ou du Levant, les Anglais, huit pour cent : sur toutes les marchandises de quelque endroit qu'elles viennent, les autres nations européennes un peu plus un peu moins que ces derniers. Les indigènes quelconques paient onze pour cent sur les marchandises venant de chrétienté, et quatre pour cent sur celles venant du Levant.
	Quant aux bonnets, la principale fabrique du pays, le gouvernement, pour exciter l'industrie, n'exige aucun droit de sortie.

QUESTIONS.	PIÈCES SOLUTIONS.
1802. *Blés de huit à dix maboubs et plus, orge de vingt à vingt-cinq piastres et plus, huile deux et demie à trois piastres, et pour ces autres Echelles plus, à proportion de la mesure qui est plus grande.*	Quant aux marchandises d'exportation, qui consistent en denrées, le gouvernement n'en accorde la sortie que selon les circonstances, et perçoit un droit plus ou moins fort selon la quantité des demandes. Ce droit est sur le blé, de douze à quinze piastres le caffis; de cinq à neuf sur l'orge; de quatre et demie sur tous les légumes et autres mêmes grains; de un trois quarts sur le métal d'huile.

N. B. On peut calculer à une livre douze sous la piastre de Tunis, le caffis à trois charges un quart de Marseille; il faut trois métaux environ pour faire la millerolle, la rotte ayant environ un quart de plus que la livre. Il ne faut que quatre-vingts rottes pour faire un quintal, poids de table.

FIN.

www.ingramcontent.com/pod-product-compliance
Lightning Source LLC
Chambersburg PA
CBHW070457170426
43201CB00010B/1383